Duden

SMS
Schnell-Merk-System

Geschichte

5. bis 10. Klasse

Duden Schulbuchverlag
Berlin · Mannheim · Leipzig · Wien · Zürich

Bibliografische Information der Deutschen Nationalbibliothek
Die Deutsche Nationalbibliothek verzeichnet diese Publikation in der Deutschen Nationalbibliografie; detaillierte bibliografische Daten sind im Internet über http://dnb.ddb.de abrufbar.

2., aktualisierte und erweiterte Auflage

Redaktionelle Leitung Heike Krüger-Beer
Redaktion Claudia Fahlbusch
Autoren Wolfgang Humann, Claudia Fahlbusch

Herstellung Annette Scheerer
Typografisches Konzept Horst Bachmann
Illustrator Peter Lohse, Büttelborn
Umschlaggestaltung Michael Acker

Satz Robert Turzer, Tübingen
Druck und Bindung Offizin Andersen Nexö Leipzig GmbH
Printed in Germany

F E D C B A

ISBN 978-3-411-70372-2

Inhaltsverzeichnis

1. Vor- und Frühgeschichte 6

Die Entwicklung des Menschen **6** · Steinzeit **7** · Metallzeit **9**

2. Frühe Hochkulturen 10

Ägypten **10** · TOPTHEMA Der Pharao – ein mächtiger Herrscher **11** · Mesopotamien und andere Hochkulturen **15**

3. Griechische und römische Antike 16

Griechische Stadtstaaten und Kolonisation **16** · Olympische Spiele **18** · Religion **19** · TOPTHEMA Die „Erfindung" der Demokratie **20** · Alexander der Große **21** · Römische Königsherrschaft und Republik **22** · Römische Kaiserzeit **26** · Der Untergang des Römischen Reichs **29**

4. Mittelalter 30

Fränkisches Reich **30** · Lehnswesen und Grundherrschaft **31** · Klöster **32** · Innerer Landesausbau und Ostsiedlung **33** · Ritter **34** · Stadt als Siedlungsform **35** · Hanse **37** · Juden im Mittelalter **38** · TOPTHEMA Monotheistische Religionen **39**

5. Das Zeitalter der Entdeckungen 40

Renaissance und Humanismus **40** · Geografische Entdeckungen **41** · TOPTHEMA Hochkulturen Amerikas vor Kolumbus **42**

6. Reformation und Dreißigjähriger Krieg 44

Reformation **44** · Bauernkrieg **46** · Dreißigjähriger Krieg **47** · TOPTHEMA Inquisition und Hexenverfolgung **48**

7. Vom Absolutismus zur Demokratie 50

Englische Revolution **50** · Absolutismus **51** · TOPTHEMA Was ist Aufklärung? **52** · Unabhängigkeitskrieg und Vereinigte Staaten von Amerika **53** · Französische Revolution **54** · Der Aufstieg Napoleons **57**

8. Vom Wiener Kongress bis zum Ersten Weltkrieg 58

Wiener Kongress (1814/15) **58** · Industrielle Revolution **59** · Vormärz (ca. 1815–1848) **60** · Deutsche Revolution 1848/49 **60** · Deutsches Kaiserreich (1871–1890) **62** · Kolonialismus **66** · TOPTHEMA Deutsche und britische Kolonialherrschaft **68** ·
Revolutionen in Russland **70** · Erster Weltkrieg (1914–1918) **72**

9. Weimarer Republik 74

Deutsche Revolution (1918/19) **74** · TOPTHEMA Der Versailler Vertrag **75** · Außenpolitik **76** · Innenpolitik **77** · Hitlers Aufstieg **79**

10. Nationalsozialismus und Zweiter Weltkrieg 80

Ideologie und Auswirkungen **80** · Machtübernahme (30. 1. 1933) **81** · Errichtung der Diktatur **82** · Wirtschaft und Arbeitslosigkeit bis Kriegsbeginn **84** · Gesellschaft **85** · Außenpolitik (1933–1939) **86** · Zweiter Weltkrieg (1939–1945) **87** · Widerstand **89** · TOPTHEMA Der Holocaust **90**

11. Deutschland nach 1945 92

Nachkriegszeit **92** · Besatzungszeit und Gründung zweier deutscher Staaten **93** · Wirtschaftliche Entwicklung in der BRD und DDR **94** · Verfassungen **96** · Außenpolitik in der BRD und DDR **98** · Innenpolitische Entwicklung in der BRD und DDR **100** · TOPTHEMA Die Wiedervereinigung **102**

12. Die Welt nach 1945 104

Ost-West-Konflikt **104** · UNO (United Nations Organisation) **106** · Europäische Union (EU) **107** · Nord-Süd-Gefälle **109** · Globalisierung **109**

Testfragen 110

Stichwortfinder **127**

1 Vor- und Frühgeschichte

Die Entwicklung des Menschen

■ **Vorgeschichte** bezeichnet die Geschichte der Menschheit von den Anfängen bis zu den ersten schriftlichen Quellen. Informationen werden ausschließlich aus archäologischen Funden (1) gewonnen.
■ Bei der **Frühgeschichte** werden neben archäologischen auch andere Quellen (2) genutzt.
Die Entwicklung des Menschen (3) begann vor ca. 5 Mio. Jahren. Wichtige Entwicklungsstufen waren:

(1) z. B. Höhlenmalerei vor ca. 40 000 Jahren
(2) z. B. ägyptische Hieroglyphen vor ca. 5 000 Jahren
(3) *erkennbar an:* aufrechter Gang · Sprache · Leistungsfähigkeit des Gehirns · Umgang mit Feuer

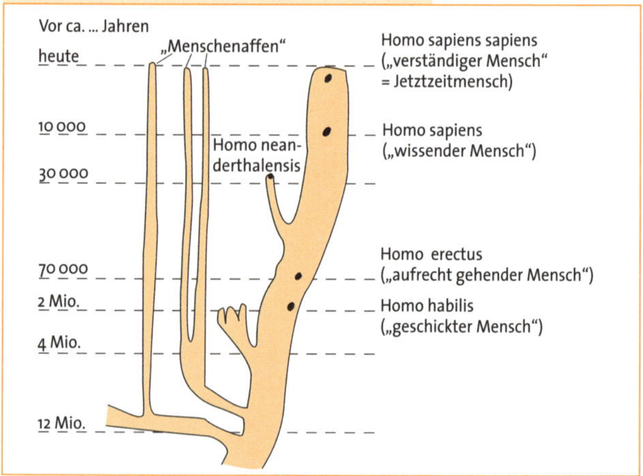

Steinzeit

In der Steinzeit verwendeten die Menschen Knochen, Holz und vor allem **Stein** zur Herstellung von Waffen und Werkzeugen. Man unterteilt die Steinzeit in
- Altsteinzeit,
- Jungsteinzeit.

andere Begriffe:
Paläolithikum
Neolithikum

Altsteinzeit (vor ca. 2,5 Mio. Jahren bis ca. 10 000 v. Chr.)

Die ersten Menschen lebten in **Horden.** Darunter versteht man eine wandernde Gruppe, einen Stamm oder eine Sippe.
- Sie hatten **gemeinsame Lagerplätze,** z. B. Höhleneingänge oder Felsvorsprünge, später einfache Hütten.
- Sie zogen als **Nomaden** umher, suchten Nahrung und lebten vom **Jagen und Sammeln** (aneignende Wirtschaft).
- Das erste Werkzeug des Menschen war der **Faustkeil.** Mit der Zeit gab es immer feinere Techniken der Werkzeugherstellung. Bei der Jagd verwendeten die Menschen **Speer, Pfeil und Bogen.**
- Höhlenmalerei und Bestattungszeremonien zeugen von ersten **religiösen Vorstellungen.**

Horde: etwa 15 bis 30 Menschen

Stamm: Verband mit gemeinsamen Traditionen, mehrere Sippen

Sippe: Verband aus mehreren Familiengemeinschaften

Jungsteinzeit (seit ca. 10 000 v. Chr. bis ca. 2000 v. Chr.)

Die Menschen änderten ihre Lebensweise und wurden **sesshaft.**

- Sie errichteten fest stehende Holzhäuser. Es entstanden Siedlungen und Dörfer. In Mesopotamien (↑ S. 15) gab es vor mehr als 5000 Jahren schon kleinere Städte.
- Sie betrieben **Domestikation,** d. h., sie zähmten und züchteten Haustiere aus Wildtieren und züchteten Kulturpflanzen aus Wildpflanzen. Außerdem betrieben sie **Ackerbau** und **Viehzucht** (erzeugende Wirtschaft).
- Es entwickelte sich eine starke **Arbeitsteilung:** Fischfang, Töpferei, Weberei, Herstellung von Werkzeugen, Waffen und Schmuck. **Neue Techniken** und **Handel** entstanden.

neolithische Revolution: Wandel vom Nomadentum zur Sesshaftigkeit

Gräser → Getreidesorten · Wolf → gezähmter Wolf (eines der ersten Haustiere)

Die „Trichterbecherkultur" ist die älteste Ackerbaukultur in Norddeutschland und Südskandinavien.

Jäger und Sesshafte

Wahrscheinlich trieben Jäger und Sesshafte untereinander Handel. Umstritten ist, ob

- aus nomadisierenden Jägern allmählich Sesshafte wurden;
- Siedler Jäger durch ihre Lebensweise überzeugten;
- Siedler Nomaden gewaltsam verdrängten oder sogar töteten.

Sesshaftigkeit war dem Nomadentum überlegen, weil die Menschen begannen, sich von der Natur unabhängig zu machen.

Metallzeit

Vor etwa 6000 Jahren begann die **Metallverarbeitung** durch den Menschen. Es entstanden neue „Handwerksberufe".
Das Zusammenleben der Menschen änderte sich. An die Spitze eines Stamms stellte sich ein **Fürst** oder **Häuptling.** In der Eisenzeit bildeten sich erstmals größere Gemeinschaften: **Völker.**

Bergmann · Schmied

in Europa:
Germanen · Kelten

Bronzezeit (ca. 1800 bis 800 v. Chr.)

In der Bronzezeit wurde Bronze das bevorzugte Material zur Herstellung von Geräten, Waffen und Schmuck. Händler sorgten für den Austausch der Waren.
Es gab wichtige praktische Fortschritte. Die religiösen Vorstellungen veränderten sich.

großflächige, befestigte Siedlungen · Gusstechnik · Hügelgrab, Sonnengott (Religion)

Eisenzeit (ab ca. 800 v. Chr.)

Eisen hat gegenüber Bronze Vorteile:
- Es ist härter. So konnte man schärfere Schneiden bei Werkzeugen und Waffen produzieren.
- Es muss nicht mit anderen Metallen kombiniert werden.
- Eisenerz ist weit verbreitet.

Um 1 kg Eisen herstellen zu können, benötigte man 10 kg Holzkohle. Für 10 kg Holzkohle wurden 50 kg Holz verbraucht.

2 Frühe Hochkulturen

Ägypten

Der Nil als Lebensgrundlage

Vor ca. 7000 Jahren ließen sich Menschen am Nil nieder. Er bildete eine mehrere Hundert Kilometer lange **Oase.** Die alljährlichen **Überschwemmungen** brachten **fruchtbaren Schlamm,** der sich als Ackerboden eignete. Die Menschen bauten **Dämme,** gruben **Kanäle** und erfanden Schöpfgeräte. So konnten sie Schäden durch starke Überschwemmungen und Trockenheit nach wenig Regen vermeiden.

längster Fluss der Welt (6671 km) · Niltal: 1 bis 20 km breit

April – Juni: Dürre
Juli – September: Hochwasser
Oktober – Dezember: Wachstum
Januar – März: Ernte (z. B. Korn, Feigen, Trauben)

Die Menschen organisierten ihr Leben als **Gemeinschaft:**

- Sie entwickelten einen **Kalender,** indem sie die Sterne beobachteten. Das half bei der Zeitbestimmung der Flut. — wie heute: 365 Tage
- Die **Landvermessung** kennzeichnete nach Hochwasser die Felder. — „Erfindung" der Geografie
- Vorräte in **Getreidespeichern** überbrückten Notzeiten. — Vorratswirtschaft
- Die **Arbeitsteilung** führte zu neuen Berufen. — Schreiber · Handwerker · Kaufleute

Pharao bedeutet „großes Haus“ (Königspalast).
- Als König und Gott war er Zentrum der Macht. Er garantierte die Weltordnung.
- Als oberster Priester, Heerführer, Gesetzgeber und Richter herrschte er über Volk und Staat.

Ihm gehörten die Arbeitskraft sowie die Erträge der Bauern. · Er befahl den Einsatz von Handwerkern (z. B. beim Pyramidenbau). · Er bestimmte über den Außenhandelsgewinn.

Zeichen der Macht des Pharaos

Tutenchamun

Tutenchamun kam als Kind auf den Thron und war von 1347 bis 1337 v. Chr. Pharao. Vermutlich wurde er ermordet. 1922 fand man sein vollständig erhaltenes Grab.

Pharaoninnen

Nur vier Frauen regierten Ägypten. Von 1490 bis 1468 v. Chr. herrschte die Pharaonin **Hatschepsut.** Sie war beim Volk angesehen, führte keinen Krieg und förderte den Handel.

Wirtschaft, Gesellschaft, Schrift

Wirtschaftliche Grundlage war die **staatlich gelenkte Landwirtschaft.** Überschussproduktion und Vorratswirtschaft (↑ S. 10) ermöglichten den Pyramidenbau. Die **Gesellschaft** war **hierarchisch** geprägt:

Arbeitsteilung (↑ S. 10)

Die Arbeiter wurden mit Getreide versorgt.

Der Wille des Pharaos (↑ S. 11) wurde über die angesehenen Beamten und Schreiber weitergeleitet.
Oberster Beamter: Wesir.

- **Ackerflächen** waren **Staatseigentum,** Bauern als arbeitspflichtige Hörige an ein Stück Land (Domäne) gebunden. Sie konnten umgesiedelt werden. Die Ernte gehörte dem Pharao. Bauern, Fronarbeiter, sozial höher stehende Handwerker und Bauleiter erhielten vom Staat Getreide.

z. T. Zwangsarbeit beim Pyramidenbau während der Trocken- und Überschwemmungszeit (↑ S. 10, 13)

- Der Staat kontrollierte **Außenhandel,** Minen und Steinbrüche.

Export: Getreide, Gold · Import: Holz, Pferde, Waffen, Luxuswaren für den Hof

- Der Staat (Pyramidenbau) oder der Besitzer ernährte die **Sklaven** (Kriegsgefangene, Verbrecher).
- Mithilfe der **Hieroglyphenschrift** (über 5000 Jahre alt, ca. 800 Bildzeichen: Tiere und Gegenstände) wurden die Befehle des Pharaos festgehalten und umgesetzt.

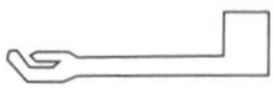

Bedeutung: Beamter oder „A“

Pyramiden

Mit dem Regierungsantritt des Pharaos (↑ S. 11) begann der Bau seiner **Grabpyramide** und des Totentempels durch **Fronarbeiter.** Dies waren Einwanderer, die der Staat als Gegenleistung für Arbeit versorgte.
In der Überschwemmungszeit halfen **Bauern.**
Die Steinblöcke wurden auf Schiffen über den Nil transportiert und an Land auf hölzernen Schlitten gezogen. Beim Pyramidenbau halfen Erdrampen. Die Bauten wurden exakt nach den vier Himmelsrichtungen ausgerichtet.

Cheopspyramide bei Gizeh: 146 m hoch, 230 m lang, 2 300 000 Steinblöcke à 2,5 t (einzelne bis 80 t). Tausende von Steinmetzen, Bau- und Steinbrucharbeitern waren etwa 20 Jahre lang an diesem Bauwerk beschäftigt.

Religion

Die Ägypter glaubten an **viele Götter** (Polytheismus). Ihre Religion orientierte sich am **Jenseits** (Leben nach dem Tod).
Die **Mumifizierung** sollte im Jenseits eine Rückkehr der Seele in den Körper ermöglichen. Dem Toten wurden deshalb alltägliche Gegenstände ins Grab gelegt.
Vor dem **Totengericht** musste der Verstorbene Rechenschaft über sein Leben ablegen, um weiterleben zu dürfen.

Osiris: menschengestaltig, grünhäutig mit Krummstab und Geißel, Totenrichter und Herr des Totenreichs

Isis: menschengestaltig mit Thronhieroglyphe auf dem Kopf, Schwester/Gemahlin des Osiris

Fortschritt und Wissenschaft

Staat, Gesellschaft, Religion und **Wissenschaft** waren in der ägyptischen Hochkultur (↑ S. 15) keine verschiedenen Bereiche. Sie bildeten eine **Einheit.** An ihrer Spitze stand der Pharao (↑ S. 11). Grundlage der Wissenschaft war die Schrift (↑ S. 12). Wichtige Leistungen der Ägypter waren vor allem:

Göttin **Maat:** symbolisierte die Weltordnung, die all diese Bereiche umfasst

Leistungen der Ägypter

Bauleistungen
- Pyramiden
- Tempel
- Bewässerungsanlagen

Kulturleistungen
- erste Schriftsysteme
- Hieroglyphen

Wissenschaftliche Leistungen

Astronomie
- Planeten
- Fixsterne
- Sternbilder
- Sonnenjahr

Geografie
- Seeweg um Afrika
- Kartografie

Mathematik
- Bruchrechnung
- Prozentrechnung
- Geometrie (Flächenberechnung)

Medizin
- Augenheilkunde
- Frauenheilkunde
- Heilmittel auf pflanzlicher Basis

Mesopotamien und andere Hochkulturen

Ähnlich wie am Nil entstanden in Asien zwischen den Flüssen Euphrat und Tigris in Mesopotamien („Zweistromland“, heute: Irak, Iran, Syrien), am Indus (Indien) und am Hwangho (China) **frühe Hochkulturen.**

- Die **Sumerer** bauten in Mesopotamien im 4. Jt. v. Chr. Deiche und Kanäle. Sie erfanden auch Hebevorrichtungen, um das Wasser auf höher liegende Äcker zu leiten.
- Sie schlossen sich in Siedlungen zusammen. Seit 3000 v. Chr. entstanden **Stadtstaaten** mit riesigen Mauern zum Schutz vor Angriffen. Es existierte kein zusammenhängender Flächenstaat wie in Ägypten.
- Mittelpunkt einer Stadt war ein Stufentempel mit seinen Vorratshäusern. **Priesterkönige** regierten die Städte. Für die Verwaltung wurde eine Keilschrift entwickelt.

Hochkultur: Staat mit zentraler Regierung und Verwaltung, Vorratswirtschaft und Arbeitsteilung, Religion, Schrift, Zeitrechnung, Kunst, Wissenschaft

Nach dem Untergang des Sumererreichs entstanden Reiche der **Babylonier, Assyrer und Perser.** Der Babylonierkönig Hammurabi ließ um 1750 v. Chr. als erster Herrscher der Erde **Gesetze** auf einer Steinsäule für das Volk öffentlich aufstellen.

282 Gesetze, z. B.: Todesstrafe für Raub · Unterhaltsverpflichtung des Ehemanns nach Trennung von seiner Frau

3 Griechische und römische Antike

Griechische Stadtstaaten und Kolonisation

Im 2. Jh. v. Chr. drangen von Norden her kriegerische Volksstämme ins heutige Griechenland ein. Es entstanden zahlreiche voneinander getrennte Gemeinschaften.

Volksstämme: Hellenen
Siedlungsgebiet: Hellas

■ Es bildeten sich selbstständige **Stadtstaaten** (griech. **Polis**), die zunächst von Königen (↑ S. 20) beherrscht wurden. Zur Polis gehörte eine Siedlung und das umgebende, von Bauern bearbeitete Land.

Athen · Sparta · Korinth
Polisbewohner: Großgrundbesitzer · Händler · Handwerker

■ Zwischen 750 und 550 v. Chr. wanderten wegen Überbevölkerung und Hungersnöten viele Griechen aus und gründeten **Kolonien:**

alte Städte: Mutterstädte
Neugründungen: Tochterstädte

Wirtschaft

Die Griechen lebten von **Ackerbau, Viehzucht** und **Fischfang.**
Das Handwerk nahm einen großen Aufschwung. Ganze Landstriche wurden zur Energiegewinnung entwaldet. Zudem fand ein lebhafter **Handel** im Mittelmeerraum statt.
Die Wirtschaft basierte auf **Sklavenarbeit.**

Athen: Keramik- und Schmiedehandwerk

3

Gesellschaft und Alltag

Nur freie und reiche Männer konnten politisch mitbestimmen (↑ S. 20).

- Der **Familienvater** war der alleinige „Herr im Haus" (1). Die **rechtlose Frau** führte den Haushalt.
- Angehörige unterworfener Völker arbeiteten als rechtlose **Sklaven** (2). Sie konnten jederzeit verkauft oder vermietet werden.
- Frei, aber ohne Bürgerrecht, waren die zugezogenen **Metöken.**

Die Stadtstaaten unterschieden sich:

- In **Athen** wurde die **Ausbildung** junger Menschen gefördert, um die **Wirtschaft** zu stärken.
- Die **Spartaner** bildeten ihre Kinder ab dem 7. Lebensjahr vor allem im **militärischen** Bereich aus.

(1) Er konnte Neugeborene aussetzen, wenn er sie für zu schwach hielt. · Er konnte sich jederzeit von seiner Frau trennen, die dann unversorgt war.
(2) Auch Kinder von Sklaven waren Eigentum des Herrn.

Olympische Spiele

Bei großen religiösen Veranstaltungen der Griechen fanden sportliche Wettkämpfe statt. Alle vier Jahre gab es seit 776 v. Chr. in der Stadt Elis auf dem Heiligtum Olympia die Olympischen Spiele zu Ehren des Gottesvaters **Zeus.**

- Boten verkündeten in den griechischen Poleis (↑ S. 16) den Beginn der Spiele. Während der Spiele mussten alle **Kampfhandlungen eingestellt** werden.
- Verheiratete Frauen, Nichtgriechen und Sklaven durften die heiligen olympischen Stätten nicht betreten.
- Sieger wurden mit einem Zweig vom Ölbaum des Herakles geehrt und lebenslang von Steuern befreit.
- Den Zeitraum zwischen den Spielen nannten die Griechen **Olympiade.**

393 n. Chr. wurden die Spiele von Kaiser Theodosius verboten, nachdem Römer und Griechen Christen geworden waren.

Ablauf der Spiele im 5. Jh. v. Chr.
1. Tag:
Eröffnung, Aufstellung der Kämpferlisten, olympischer Eid
2. Tag:
Wagenrennen, Fünfkampf: Diskuswerfen, Weitsprung, Speerwurf, Stadionlauf, Ringen; religiöse Feier
3. Tag:
Festprozession, Opfer am Altar des Zeus, Festessen
4. Tag:
schwerathletische Kämpfe: Ringen, Faustkampf, Allkampf, Waffenlauf
5. Tag:
Siegerehrung im Zeustempel, Dankopfer zu Ehren des Zeus

1896 fanden die ersten **Olympischen Spiele der Neuzeit** in Athen statt. Die Spiele stehen heute wie damals im Zeichen des Friedens.

Religion

Götter und Heroen

■ Die Griechen stellten sich ihre **Götter** mit menschlicher Gestalt und menschlichen Gefühlen (Liebe, Hass, Neid, Eifersucht) vor. Sie lebten auf dem **Olymp** und waren unsterblich.
■ Nicht unsterblich und so mächtig waren die **Helden (Heroen).** Sie stammten von den Göttern ab und besaßen übermenschliche Kräfte.

Göttervater **Zeus** schleuderte Blitze auf die Erde oder ließ Stürme entstehen, wenn er wütend war. · **Apollon,** der Gott der Wahrheit und der Kunst, trug eine Leier. · Der Meeresgott **Poseidon** wühlte mit seinem Dreizack das Meer auf.

Die Griechen verehrten ihre Götter in Tempeln. Dort und auf Hausaltären brachten sie ihnen Opfer dar.
Der Dichter **Homer** berichtet von der Welt der Götter und Heroen. In seinen Heldensagen erzählt er vom Kampf um Troja und von den Irrfahrten des Odysseus.

Ilias · Odyssee

Vor wichtigen Entscheidungen befragten die Menschen ein **Orakel.** Die Götter gaben über einen Priester oder eine Priesterin Rat, wie z. B. ein Problem zu lösen sei.
Diese Ratschläge waren nie eindeutig, sondern mussten von den Priestern erklärt werden. Frauen war der Zutritt zum Orakel strengstens untersagt.

Orakel zu Delphi

Die „Erfindung" der Demokratie

Die Staatsform der Athener entwickelte sich von der **Monarchie** (Königsherrschaft) bis ins 8. Jh. über die **Aristokratie** (Adelsherrschaft) im 7. Jh. zur **Demokratie** (Volksherrschaft) ab dem 6. Jh. 561 errichtete der Adlige **Peisistratos** für kurze Zeit eine **Tyrannis** (Alleinherrschaft).

Die Reformen des **Solon** (ca. 640 bis 560 v. Chr.) gaben verschuldeten Bauern ihr Land zurück. Nach der Aufteilung in vier Vermögensklassen (1. Großgrundbesitzer, 2. reiche Bauern, 3. Bauern, 4. Kleinbauern, Handwerker, Kaufleute, Lohnarbeiter) hatten die Bürger unterschiedliche politische Rechte. Reiche hatten größeren Einfluss **(Timokratie).**
Die neue Verfassung des **Kleisthenes** (6. Jh. v. Chr.) teilte die Volksversammlung in zehn **Phylen** ein.

Jede Phyle bestand zu je einem Drittel aus Bürgern der Stadt, der Küste und des Binnenlands.

Perikles (nach 500 bis 429 v. Chr.) führte **Diäten** ein.

Politiker erhielten für ihre Arbeit Geld („Tagegelder").

Wichtige Entscheidungen wurden in der **Volksversammlung** (etwa 40-mal pro Jahr) getroffen.

Entscheidungen über neue Gesetze, Beamte, Krieg und Frieden

Die **athenische Demokratie** war eine Vorform unserer heutigen Demokratie. Ein großer Teil der Bevölkerung war von der Mitbestimmung noch ausgeschlossen.

Politische Rechte besaßen 40 000 männliche Vollbürger. Ausgeschlossen waren 130 000 Frauen und Kinder, 30 000 Metöken, 100 000 Sklavinnen und Sklaven (↑ S. 17).

Alexander der Große

Der **makedonische König Philipp II.** (*um 382, † 336 v. Chr.) besiegte die Griechen und zwang sie unter seine Vorherrschaft.
Nach seinem Tod übernahm sein Sohn **Alexander** (*356, † 323 v. Chr.) im Alter von 20 Jahren die Macht und besiegte die Perser. Bis 325 v. Chr. dehnte er sein Reich im Osten aus. Nach Alexanders Tod zerfiel sein Reich.

Hellenischer Bund

334 v. Chr.: Eroberung Kleinasiens · 333 v. Chr.: Alexander schlägt bei Issos die Perser

Mittel zur Herrschaftssicherung

- Eingliederung persischer Truppen ins makedonische Heer,
- makedonisch-persische Ehen,
- Verwaltung mithilfe persischer Beamter, einheitliche Währung,
- Städtegründungen und Besiedlung mit Griechen, Straßenbau.

Massenhochzeit in Susa: 80 Offiziere und 10 000 Soldaten heirateten Perserinnen.

Römische Königsherrschaft und Republik

Entstehung eines Weltreichs

Der **Legende** nach wurden die Zwillingsbrüder **Romulus und Remus** auf dem Tiber ausgesetzt. Sie wurden von einer Wölfin großgezogen und gründeten im Jahr 753 v. Chr. Rom.

7, 5, 3 – Rom schlüpft aus dem Ei.

Tatsächlich siedelten seit 1200 v. Chr. Angehörige des Volks der Latiner am Tiber. Um 1000 v. Chr. gründeten sie ein Dorf, aus dem die Stadt Rom entstanden sein könnte.

latinische Siedlung auf dem Palatin, einem der sieben Hügel am Tiber

In den folgenden Jahrhunderten entwickelte sich daraus durch Bündnisse und Eroberungen ein Weltreich mit zahlreichen **Provinzen.** Um 100 n. Chr. erreichte es seine größte Ausdehnung:

Provinz: erobertes Gebiet, das von einem römischen Statthalter verwaltet wurde

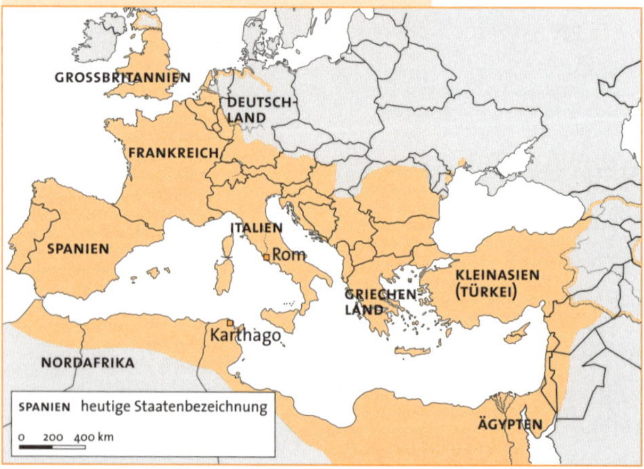

Ausweitung der Herrschaft

Die Ausbreitung der römischen Herrschaft erfolgte in **zwei Phasen:**

- **Phase 1** (ca. 500 bis 250 v. Chr.): Rom errang die Vorherrschaft über **Mittel- und Unteritalien.** Die besiegten Stämme und Stadtstaaten erhielten das volle oder das eingeschränkte **Bürgerrecht** oder wurden zu **Bundesgenossen.**
- **Phase 2** (264 bis 133 v. Chr.): Kampf um die Vormachtstellung im **Mittelmeerraum.** Einziger ernst zu nehmender Gegner im gesamten Mittelmeerraum war noch die Handels- und Seemacht **Karthago** (Karte ↑ S.22).

Nach den **drei Punischen Kriegen** während insgesamt 120 Jahren besiegte Rom die Karthager, die von den Römern Punier genannt wurden. 30 n. Chr. beherrschte Rom den Mittelmeerraum und fast die gesamte in Europa bekannte Welt.

Etrusker · Latiner · Samniten

Bürgerrecht: u. a. aktives und passives Wahlrecht; Recht, selbstständig Verträge zu schließen

Hannibal, karthagischer Feldherr, zog über die Alpen und schlug die Römer 216 v. Chr. bei Cannae. Er beging nach späterer Niederlage Selbstmord.

Die drei Punischen Kriege (P. K.)

264 – 241 v. Chr.	1. P. K.: Sizilien wird erste römische Provinz.
218 – 201 v. Chr.	2. P. K.: Die Römer erobern Spanien, Karthago verliert alle Besitzungen außerhalb Afrikas und muss seine Flotte ausliefern.
149 – 146 v. Chr.	3. P. K.: Er endet mit der Zerstörung Karthagos.

Altrömische Gesellschaft

An der Spitze der Stadt stand ein etruskischer König. Oberhaupt einer patrizischen (↑ S. 25) Familie war der **pater familias** (1). Als **Patron** (2) herrschte er über Güter (3), Familie und Klienten (4) (↑ S. 25) und ihre Angehörigen wie Kleinbauern und Handwerker oder freigelassene Sklaven, sprach Recht und schützte sie. Die **Klienten** unterstützten den Patron bei Wahlen und Versammlungen. Das Verhältnis zwischen Patron und Klientel wurde vererbt.

(1) pater, lat. „Vater"
(2) patron, lat. „Beschützer"
(3) materieller Besitz wie Grund, Haus und Hof, Vieh und Sklaven
(4) nichtadlige Plebejer, von lat. cliens, „Gefolgsmann", „Schutzbefohlener"

Sklaven waren oft Angehörige besiegter Völker oder wurden aus anderen Ländern wie Waren eingekauft.

- Ein hartes Leben führten Feldsklaven oder Sklaven, die im Bergbau unter z. T. unmenschlichen Bedingungen arbeiten mussten.
- Relativ gut ging es den Haussklaven, oft Ärzte oder Lehrer aus Griechenland. Sie lebten im Haus ihres Herrn und waren in der Gesellschaft angesehen.
- In Gladiatorenschulen wurden Sklaven zu Kämpfern ausgebildet. Bei den „Spielen" in den Arenen riskierten sie ihr Leben.

Sklaven waren rechtlos, galten als Sache. Ihre Kinder gehörten automatisch dem Besitzer der Eltern, der frei über sie verfügen konnte.

73–71 v. Chr. Sklavenaufstand unter Spartakus: bis zu 40 000 Beteiligte, 6000 hingerichtet

Republik (um 510 v. Chr.)

Nach der Vertreibung der etruskischen Könige um 510 v. Chr. wurde Rom Republik. Zwei strikt getrennte Stände führten ständige Auseinandersetzungen um die Macht:

- Zunächst regierten die **Patrizier,** meist adlige Großgrundbesitzer.
- Die **Plebejer,** einfache Leute, forderten Land und Mitspracherecht bei den Regierungsgeschäften.

Ihre Ziele erreichten sie z. T. nach den mehr als zwei Jahrhunderte dauernden **Ständekämpfen.**

Republik: Gewaltenteilung, kein König

Ca. 450 v. Chr. setzten die Plebejer durch, dass die Patrizier das **Zwölftafelgesetz** veröffentlichten: Bürger sollten Rechtssicherheit haben und Gesetze kennen.

Bis um 350 v. Chr. hatte sich eine Dreiteilung Magistrate (Beamte) – Senat – Volksversammlung / Volkstribune herausgebildet:

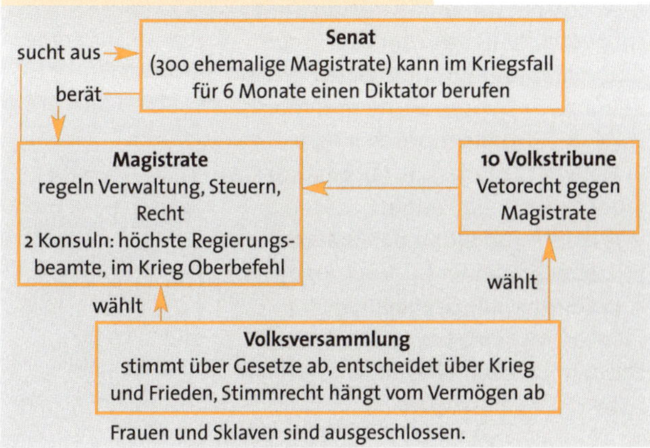

Römische Kaiserzeit

Ende der Republik

Seit 60 v. Chr. bestimmte das **1. Triumvirat** (1) die Politik Roms. **Caesar** marschierte nach der Eroberung Galliens (58 bis 51 v. Chr.) mit seinen Legionen in Rom ein. Nach einem Bürgerkrieg zwischen Caesars Truppen und dem Senat unter Führung seines einstigen Verbündeten Pompeius machte Caesar sich zum **Alleinherrscher** (2). Durch seine Ermordung 44 v. Chr. versuchte der Senat vergeblich, die **Monarchie** (3) zu verhindern.

(1) Dreimännerbund: Pompeius, Caesar, Crassus
(2) 46 v. Chr. Diktator für zehn Jahre, 44 v. Chr. auf Lebenszeit. Aus „Caesar" entstand das Wort „Kaiser".
(3) Herrschaft eines Einzelnen

Prinzipat (27 v. Chr. bis ca. 450 n. Chr.)

43 v. Chr. entstand das **2. Triumvirat** (1). Wieder kam es unter den Verbündeten zum Bürgerkrieg. **Octavian** (2) gewann. Er tastete Senat und Magistrate (↑ S. 25) nicht an, bewahrte äußerlich die Republik (3), bestimmte jedoch allein die Politik:

- Wiederherstellung des **inneren Friedens** (Ende der Bürgerkriege),
- **Sicherung der Grenzen** des Römischen Reichs (4).

Diese neue Herrschaftsform bezeichnet man als **Prinzipat.**

(1) Marcus Antonius, Lepidus, Octavian
(2) befehligte als Adoptivsohn Caesars dessen Soldaten
(3) Senat nannte ihn „Augustus" (der Erhabene)
(4) nach Feldzügen und Verträgen: „pax romana" (römischer Friede)

Wirtschaft, Handel und Verkehr

70 bis 80 % der Bewohner des Römischen Reichs waren in der **Landwirtschaft** tätig. Im **Handwerk** kam es zu einer Spezialisierung. Das **Latein** der Römer wurde im gesamten Reich gesprochen. Gleiche Währung, Gesetze und Sprache, gesicherte Schifffahrtswege und ein gutes Straßennetz ermöglichten einen Handelsaufschwung.

z. B. Pompeji: über 80 verschiedene Gewerbe

„pax romana" förderte ungestörte Handelsbeziehungen

Handel im Römischen Reich

Heereswesen und Grenzsicherung

Nach den Eroberungen (↑ S. 22) war es oberstes außenpolitisches Ziel, das Römische Reich als zusammenhängendes Gebiet mit natürlichen und leicht zu sichernden Grenzen zu schützen.

natürliche Grenzen: Meere · Gebirge · Wüsten · Flüsse

Das römische Berufsheer bestand aus **Legionen.** Es wurde von **Hilfstruppen** unterstützt, die sich aus Bewohnern der Provinzen (↑ S. 22) ohne römisches Bürgerrecht (↑ S. 23) zusammensetzten.

1 Legion = 10 Kohorten · 1 Kohorte = 6 Zenturien · 1 Zenturie = 80 Soldaten

Römer und Germanen

Als der Germanenfürst **Arminius** 9 n. Chr. den römischen Statthalter **Varus** mit drei Legionen besiegt hatte, gaben die Römer ihren Plan, ganz Germanien zu unterwerfen, auf. Sie sicherten nun ihre Provinz gegen das „freie Germanien“ ab. Rhein und Donau dienten als natürliche Grenzen. Dazwischen wurde der etwa 550 km lange **Limes** errichtet.

Varusschlacht (Schlacht bei Kalkriese bei Osnabrück, Hermannsschlacht) ↑ S. 22

limes, lat. „Grenze, Grenzwall“

Es entstanden Römerlager, die der Sicherung des Limes dienten. Zwischen dem „freien Germanien“ und dem römisch besetzten Teil wurde Handel getrieben.

aus Römerlagern entstandene Städte: Xanten · Neuss · Köln · Bonn · Koblenz · Mainz u. a.

Der Untergang des Römischen Reichs

Völkerwanderung (ca. 3.–6. Jh.)

Innere Probleme und die militärische Sicherung nach außen erschwerten die Beherrschung des Römischen Weltreichs. Mit dem **Eindringen** der **Parther** bzw. **Perser** im Osten und **germanischer Stämme** im Norden um 250 n. Chr. begann der Zerfall des Römischen Reichs.

innere Probleme: Wirtschaftskrisen · hohe Steuern

Der Zug der **Hunnen** nach Westeuropa löste 375 n. Chr. Wanderungsbewegungen ganzer Völker in Europa für rund 200 Jahre aus.

Hunnen: asiatisches Reitervolk

Ende des Weströmischen Reichs (476 n. Chr.)

395 wurde das Römische Reich geteilt

- in ein **Weströmisches** Reich mit der Hauptstadt Ravenna und ein
- **Oströmisches Reich** mit der Hauptstadt Konstantinopel.

Ravenna: im heutigen Norditalien
Konstantinopel: heute Istanbul, Türkei

476 setzte der germanische Truppenführer **Odoaker** den letzten weströmischen Kaiser Romulus ab. Das Weströmische Reich zerfiel.
Das Oströmische Reich existierte als **Byzantinisches Reich** bis zur Eroberung durch die Türken 1453.

4 Mittelalter

Der Begriff Mittelalter bezeichnet in etwa die Zeit zwischen der Antike und dem Beginn der Neuzeit.

ca. 500 bis
ca. 1500 n. Chr.

Fränkisches Reich

Der **Merowinger** Chlodwig gründete gegen Ende des 5. Jh. das Frankenreich. 751 übernahmen die Karolinger unter Pippin III. die Königsmacht. Bis zum Tod Karls des Großen (*747, †814) dehnten die Franken ihr Herrschaftsgebiet aus.

Das Frankenreich umfasste 814 das Gebiet: Nordspanien · Italien (bis zur Höhe von Rom) · Süddänemark

Die **Karolinger** herrschten mit päpstlicher Unterstützung. Im Gegenzug schützten sie den Papst. Karl christianisierte und unterwarf die Sachsen (1–3).
Am **24. 12. 800** krönte Papst Leo III. **Karl den Großen** in Rom zum **Kaiser.** Er regierte einen Personenverbandsstaat. Dazu musste er das Reich bereisen und seine Herrschaft deutlich machen. Nach seinem Tod 814 zerfiel das Karolingische Reich.

(1) **Sachsenkriege** (772–804)
(2) *Christianisierung:* Verbreitung der christlichen Lehre
(3) Strafgericht bei Verden an der Aller (782): Hinrichtung von angeblich 4500 Aufständischen

Lehnswesen und Grundherrschaft

Grundlage für den mittelalterlichen **Personenverbandsstaat** war das Lehnswesen (lehen, nhd. „leihen“). Es beruhte auf Grundherrschaft. Dem **König** gehörte das gesamte Land.

durch Landvergabe hergestellte Beziehung von Personen

Es wurden auch Ämter, Rechte und Einkünfte verliehen. Im 10./11. Jh. wurden Lehen erblich. Lehen und Eigentum waren oft nicht mehr zu unterscheiden.
Hörige und **leibeigene Bauern** brauchten die Erlaubnis ihres Herrn, wenn sie heiraten wollten. Sie durften den Hof nicht verlassen und mussten **Frondienste** verrichten.

Hörige: vom Herrn abhängige Bauern (Land)
Leibeigene: rechtliche und persönliche Abhängigkeit vom Grundherrn
Frondienste: Arbeiten in der Landwirtschaft · Reparaturen u. a.

Klöster

Leben im Kloster

Nonnen und **Mönche** ordneten ihr Leben der Verehrung Christi unter. Sie folgten dem Grundsatz **ora et labora** (bete und arbeite). Klöster besaßen u. a. Werkstätten, Bäckereien, Brauereien und Weinkeller.

Verpflichtung zu Armut · Keuschheit (Ehelosigkeit) · Gehorsam dem Abt (Vorsteher) gegenüber

Ein Tag im Kloster

4 Uhr Wecken
5–6 Uhr Gebet
6–7 Uhr Bibellesung
7–7.30 Uhr Frühstück
7.30–11 Uhr Gebet, Arbeit
11–12 Uhr Gottesdienst
12.20 Uhr Gebet
12.30–13 Uhr Essen
13–14 Uhr Pause
14–18 Uhr Arbeit
18–18.30 Uhr Gottesdienst
18.40–19 Uhr Essen
19–19.40 Uhr Pause
19.45 Uhr Gebet
20–4 Uhr Nachtruhe und Stillschweigen

Leistungen

Mönche, ihre Lebenswelt und Leistungen bestimmten das Mittelalter entscheidend. Fast alle wissenschaftlichen oder medizinischen **Fortschritte** und **Verbesserungen in der Landwirtschaft** gingen auf die Klöster zurück, z. B.:

Vervielfältigen (Abschreiben) von Schriften · Vermehrung des Wissens der Zeit

Steigerung der Erträge durch:
- Sense
- besseres Saatgut
- Pferd als Zugtier
- Düngung des Feldes mit Mist
- Pflug mit eiserner Pflugschar
- Dreschflegel

Innerer Landesausbau und Ostsiedlung

Fortschritte in der Landwirtschaft und auch dadurch bedingte **bessere Ernten** ließen die Bevölkerung stark anwachsen (1).
Dies führte
- zur Erschließung unbesiedelter Landstreifen zunächst innerhalb des Deutschen Reichs **(innerer Landesausbau),** dann
- zum Vordrängen auf slawische Gebiete zwischen Elbe und Oder **(Ostsiedlung).**

Moore wurden trockengelegt, Wälder gerodet (2). Die Siedler waren für eine bestimmte Zeit von Abgaben befreit.

(1) Deutsches Reich und Skandinavien um 1000: ca. 4 Mio. Menschen, um 1340: ca. 11,6 Mio.
(2) Rodungsdörfer sind erkennbar an der Endung -rode oder -hagen: Wernigerode · Harzgerode · Levenhagen · Boltenhagen

Deutsche Bauern wurden in neu gegründeten Dörfern angesiedelt, Handwerker und Kaufleute ließen sich in den Städten nieder. Das führte zur **Unterwerfung** und **Zwangschristianisierung** der **Slawen,** die dort lebten. In den neu gegründeten Dörfern und Städten spielten sie eine untergeordnete gesellschaftliche Rolle.

Anpassung an neue Gegebenheiten unter Zwang · z. T. Verlust kultureller Identität

Die deutsche Ostsiedlung dehnte sich um 1400 bis in Gebiete weit östlich der Oder aus.

heute: westlicher Teil Polens und Tschechische Republik, Baltikum

Ritter

Ritter waren **berittene** Berufskrieger mit schwerer, teurer Ausrüstung (1). Sie verfügten als **Adlige** über Land und Bauern (↑ S. 31).
- Lebensmittelpunkt waren **Burgen** an strategisch wichtigen Orten (2).
- In **Turnieren** wurde der militärische Einsatz geübt (3).
- Wichtig waren **höfisches Benehmen** und **strenge Regeln** (4).

(1) Gewicht einer Ritterrüstung: bis zu 60 kg
(2) Wasserläufe · Anhöhen
(3) u.a. Zweikampf mit der Lanze
(4) Tischsitten · Verhalten gegenüber Damen bei Hofe

Kreuzzüge

Viele Ritter folgten dem Aufruf des Papstes Urban II. 1095, das von Muslimen besetzte Jerusalem zu erobern. Der 1. Kreuzzug (1096–1099) endete mit der blutigen Eroberung Jerusalems.
Zwischen 1096 und 1270 fanden sieben Kreuzzüge und angeblich ein „Kinderkreuzzug" statt.

Gründe: Religiosität · Abenteuer- und Beutelust · versprochener Sündenablass
Auslöser: Eroberung des Heiligen Grabes durch die Seldschuken

Niedergang des Rittertums

Mit dem Aufkommen von Feuerwaffen verloren Ritter und Burgen an Bedeutung. Ritter schlossen sich Söldnerheeren an, versuchten als **Raubritter** zu überleben oder beteiligten sich an „Fehden".

Fehde: Privatkrieg auf eigene Faust ohne Beihilfe eines Gerichts

Stadt als Siedlungsform

Stadtgründungen

An **Märkten, Furten, Brücken,** vor **Burgen** oder **Kreuzungen** entstanden Städte. Der Stadtherr (meist ein Adliger) verlieh das **Marktrecht („Privileg“),** das die Menschen in die Städte lockte.
Ab 1180 nahmen Städtegründungen stark zu, nach 1350 gingen sie infolge der Pest zurück.

Ham**burg** · Frank**furt** · Schwein**furt** · Osna**brück** · Saar**brücken**

Marktrecht: Teil des Stadtrechts, das das Leben in der Stadt regelte

Soziale Schichten

- Patrizier bildeten die **Oberschicht** (5 bis 10 %) (1).
- Zur **Mittelschicht** gehörten die in Zünften (2) oder Gilden organisierten Handwerksmeister. Sie bestimmten über die Anzahl der Meister, Gesellen, Lehrlinge, Warenqualität usw.
- Zur **Unterschicht** gehörten Handwerksgesellen, Tagelöhner und Vertreter „unehrlicher“ Berufe (3).

(1) grundbesitzender Adel (↑ S. 31) · Fernhändler (↑ S. 37)
(2) Fleischer · Bäcker · Schmiede · Schuster u. a.
(3) Henker · Prostituierte · Bettler · Musiker · Gaukler · Kranke u. a.

„Stadtluft macht frei“

Der Stadtherr sicherte hörigen oder leibeigenen Bauern, die den Hof ihres Grundherrn verließen (↑ S. 31), nach einem Jahr die Freiheit zu.

Redewendung bis heute: „Seit Jahr und Tag“

Stadtherrschaft

Stadtherr (bis ca. 11. Jh.)
Der Stadtgründer (König, Herzog oder Bischof) regierte zunächst als Stadtherr seine Stadt:

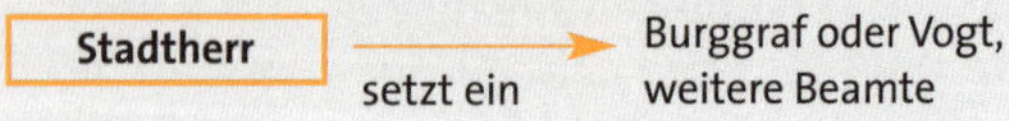

Patrizier (ca. 12. Jh.)
Reich gewordene Patrizier (↑ S. 35) erkämpften sich die Freiheit von ihrem Stadtherrn und verwalteten sich selbst.

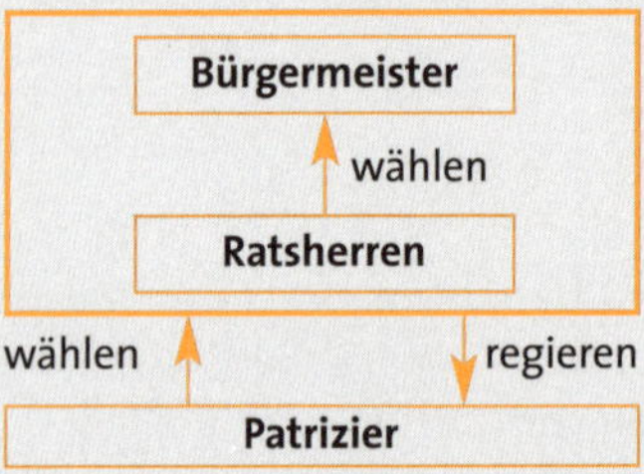

Zünfte allein oder gemeinsam mit Patriziern (ca. 14. Jh.)
In vielen Städten erkämpften sich die Zünfte z.T. gewaltsam die alleinige Stadtverwaltung oder regierten gemeinsam mit den Patriziern die Stadt.

übrige Stadtbewohner ohne Wahlrecht oder Wählbarkeit

Hanse

Die Hanse, ein förmliches Bündnis seit 1356, war ein Zusammenschluss von Fernhändlern und Handelsstädten im Ost- und Nordseeraum zur Wahrung ihrer **Handelsinteressen** und zum gegenseitigen **Schutz.** Ihre **wirtschaftliche Macht** ging auf die Beherrschung der Ostsee und Handelsvorrechte in englischen und niederländischen Häfen zurück.

zeitweise etwa 160 Städte

Die **Kogge,** das Handels- und Kriegsschiff der Hanse, fasste ca. 200 t Fracht. Ein Fuhrwerk trug nur etwa 2 t.

- **Wichtige Hansestädte** lagen in der Nähe der **Nord- und Ostseeküsten,** z. B.: Lüneburg, Lübeck, Hamburg, Danzig, Stockholm u. a.
- Auch im **Landesinneren** gab es v. a. in Deutschland viele Hansestädte wie z. B. Köln, Münster i. W.
- **Weitere Niederlassungen** (Kontore und Handelshöfe) hatte die Hanse u. a. in Schottland, England, Frankreich, dem heutigen Belgien, den heutigen Niederlanden, Dänemark, Norwegen, Schweden, Finnland, Polen, Russland.

wichtige Handelsgüter: Hering als Grundnahrungsmittel vor allem der kleinen Leute · Salz als Konservierungsmittel · Holz · Felle · Metalle · Tuch · Getreide · Wachs · Öl

Interessensgegensätze und die zunehmende Beherrschung des Nord- und Ostseehandels im 16. Jh. durch Engländer und Niederländer führten zum Niedergang der Hanse.

letzter Hansetag 1669: nur noch 6 Städte vertreten

Juden im Mittelalter

Juden lebten in eigenen Vierteln (1) und trugen oft die vorgeschriebene Judenkleidung (2).

- Von **Handwerksberufen, Zünften** und dem **Patriziat** (↑ S. 36) waren sie **ausgeschlossen.**
- Sie durften **keinen Grund** besitzen.
- Viele Juden trieben **Handel** und **Kreditvergabe.** Im Unterschied zu den Christen durften sie Geld gegen Zinsen ausleihen (3). Angehörige aller sozialer Schichten liehen sich Geld und waren manchmal hoch verschuldet. Einige Juden wurden reich und zogen den Neid ihrer christlichen Mitbürger auf sich.
- Oft standen Juden für Steuerzahlungen unter dem **Schutz** des Stadtherrn, Königs oder Kaisers (4).

(1) Gettos, Judengettos oder „Judengassen" (in einigen Städten bis heute so bezeichnete Straße)
(2) z. B. Judenhut
(3) Verbot nach dem für Christen gültigen Neuen Testament, für Juden gilt das Alte Testament
(4) willkommene Geldquelle

Judenpogrome

Trotzdem kam es vor allem in den mittelalterlichen Städten häufig zu Pogromen gegen Juden.
Man unterstellte ihnen religiös motivierten Kindermord, Hostienschändung oder die Brunnen vergiftet und so die Pest verbreitet zu haben.
Viele Schuldner entledigten sich so ihrer Gläubiger.

Pogrome: Ausschreitungen gegen nationale, religiöse oder rassische Gruppen (↑ S. 91), z. B. Judenpogrome während der Kreuzzüge und der Pestepidemie um 1350

Das **Christentum** ist aus dem **Judentum** erwachsen. Der Prophet und Religionsgründer **Mohammed** war vom Monotheismus der Juden und Christen, der Vorstellung von *einem* Gott, beeindruckt. Diesen Monotheismus haben die drei Religionen gemeinsam.

	Judentum	**Christentum**	**Islam**
Angehörige	Juden	Christen	Muslime
Religions-gründer	Abraham ca. 1900 v. Chr. geb.	Jesus ca. 0–33	Mohammed ca. 570–632 n. Chr.
„Heilige Schrift"	5 Bücher Moses (Thora)	Altes und Neues Testament	Koran
Name für Gott	Jahwe	Gott	Allah
Gotteshaus	Synagoge	Kirche	Moschee
Geistliche	Rabbiner	Pfarrer/ Pastor	Imam
wichtigste Glaubensgemeinschaften	Reformjudentum, konservatives Judentum	Katholizismus, Protestantismus, orthodoxe Kirche	Schiiten, Sunniten

Unter der **Herrschaft der Araber** in Andalusien (Südspanien) lebten Juden, Christen und Muslime drei Jahrhunderte lang bis 1492 meist **friedlich** zusammen.

5 Das Zeitalter der Entdeckungen

Renaissance und Humanismus

Neues Denken

Mit dem Seehandel hatten sich im Mittelalter reiche Städte und damit ein selbstbewusstes Bürgertum entwickelt. Neue Techniken und ein **neues Menschenbild** prägten ein neues Denken, das man mit den Begriffen „Humanismus“ (1) und „Renaissance“ (2) umschreibt.
Humanistisches Denken

- wandte sich **gegen Intoleranz** gegenüber Andersdenkenden,
- forderte **Freiheit** für alle Menschen,
- verlangte, dass sich der Mensch **diesseitsorientiert** (vor dem Tod) frei entfalten könne. Sein **Bildungs-** und **Tatendrang** sollte nicht durch kirchlich-dogmatische oder feudale Zwänge eingeschränkt sein.

besonders in Italien: Florenz · Genua · Venedig

(1) von lat. human, „menschenwürdig“, Streben nach Menschlichkeit · bedeutendster Humanist: Erasmus von Rotterdam (*1469, †1536)

(2) lat.-franz. „Wiedergeburt“, Rückbesinnung auf Werte und Formen der griechisch-römischen Antike

Wissenschaft, Kultur, Technik

Wissenschaftler und Forscher erwarben ihre Kenntnisse aus **Erfahrungen** und **Beobachtungen** in der Natur.

Leonardo da Vinci (*1452, †1519)

Kopernikus widerlegte das geozentrische Weltbild, das die Erde als Zentrum darstellte. Er bewies, dass die Erde sich wie die anderen Planeten um die Sonne bewegt: heliozentrisches Weltbild.

Nikolaus Kopernikus (*1473, †1543)

Gutenberg erfand den **Buchdruck** mit beweglichen Metallbuchstaben und ermöglichte die schnelle Verbreitung von Büchern und damit von Wissen.

Johannes Gutenberg (*1397, †1468)

Geografische Entdeckungen

5

Die Entwicklung neuer Schiffstypen (1) und Navigationsgeräte (2) ermöglichte die Entdeckung und Kolonialisierung bisher unbekannter Gebiete.

(1) Karavelle · Galeone
(2) Quadrant · Jakobsstab

1492	**Cristóbal Colón (Christoph Kolumbus)** stößt beim Versuch, den Seeweg nach Indien in Richtung Westen zu finden, auf Amerika. Er glaubt, Indien erreicht zu haben.
1497–1499	**Vasco da Gama** findet den Weg nach Indien, indem er das Kap der Guten Hoffnung (Südspitze Afrikas) umsegelt.
1519–1522	**Fernando Magellan** bricht zur ersten Weltumseglung auf. Er stirbt 1521, eines seiner drei Schiffe landet wieder in Portugal.
1768–1771, 1772–1775, 1776–1779	**James Cook** erforscht auf drei Weltumseglungen den Pazifik, Neuseeland, die Inselwelt Polynesiens, die Küste Alaskas, die Beringstraße und entdeckt die Ostküste Australiens. Er beweist die Nichtexistenz des legendären Südkontinents („terra australis“).

Hochkulturen ...

Bereits vor der Entdeckung Amerikas durch die Europäer (↑ S. 41) gab es in Mittel- und Südamerika Hochkulturen.

Maya (ca. 1000 v. Chr. bis 10. Jh. n. Chr.)

Die Maya errichteten in den Dschungeln Mittelamerikas Städte. Tempel und Paläste auf Stufenpyramiden bildeten die Zentren. Tempel dienten als Fürstengräber. Städte führten gegeneinander Krieg.
Siedlungsgebiet: im heutigen Mexiko, Guatemala, Belize, Honduras
Leistungen: weit entwickelte Hieroglyphenschrift, komplexes Zahlensystem, astronomische Leistungen

Azteken (ca. 1200 – 1521 n. Chr.)

In der Hauptstadt Tenochtitlán wurden vor Tempeln, die auf Pyramiden errichtet waren, Menschenopfer, oft Kriegsgefangene, gebracht: Die Kraft der Sonne sollte gestärkt, die Erträge des Ackerbaus sichergestellt und die kosmische Ordnung aufrechterhalten werden.
Siedlungsgebiet: Zentralmexiko
Leistungen: Die Hauptstadt Tenochtitlán war mit etwa 250 000 Menschen größer als europäische Städte.

Inka (1350 – 1533 n. Chr.)

Das Inkareich wurde vom obersten Inka beherrscht, der nach seinem Tod als Gott galt.
Siedlungsgebiet: Norden Ecuadors bis Mitte Chiles
Leistungen: Straßensystem und Militärwesen (Herrschaftssicherung), monumentale Sakralbauten

... und ihre Vernichtung durch die Eroberer

Warum das Reich der Maya unterging, ist bis heute nicht eindeutig geklärt. Möglicherweise hat eine längere Dürreperiode das Ende dieser Hochkultur verursacht, vielleicht eskalierten die Konflikte der Städte untereinander. Das Wissen um die Kultur der Maya ging z.T. durch die Vernichtung kultureller Zeugnisse verloren: Der Franziskaner Diego de Landa ließ zahlreiche Mayabücher und Handschriften als „Teufelszeug" verbrennen.

1519 brach der „conquistador" (span. Eroberer) **Hernán Cortés** auf der Suche nach Gold mit 600 Soldaten, 16 Pferden, 14 Kanonen und 13 Gewehren von Kuba nach Mexiko auf und eroberte das Aztekenreich. Dies war möglich, weil er die Bevölkerung mit den unbekannten Pferden und Waffen beeindruckte und Völker auf seine Seite brachte, die von den Azteken unterdrückt wurden. Tenochtitlán wurde zerstört, auf den Ruinen steht heute die Stadt Mexiko. Die aztekische Kultur wurde fast vollständig vernichtet. Zunächst starben viele Mexikaner in den Kämpfen, dann an Hunger und Zwangsarbeit. Die meisten fielen Krankheiten zum Opfer, die von den Europäern eingeschleppt wurden. 1519 lebten in Mexiko 25 Mio. Menschen, 1580 waren es unter 2 Millionen.

1532 zerstörte der „conquistador" **Francisco Pizarro** ebenfalls mit nur wenigen Soldaten das Inkareich, indem er den Herrscher, den Inka selbst, gefangen nahm und tötete. Zuvor hatte er von der geschockten Bevölkerung zahlreiche Gegenstände aus Gold erpresst, die er einschmelzen ließ. Mit der Ermordung des Inka zerfiel das Reich.

6 Reformation und Dreißigjähriger Krieg

Reformation

Kirche in der Krise

Der Papst in Rom, Bischöfe und Äbte führten um 1500 einen repräsentativen Lebensstil. Als der Bau der neuen Peterskirche in Rom (Beginn 1506) finanziert werden musste, ließ der Papst seit 1502 verstärkt **„Ablassbriefe“** verkaufen. Für eine bestimmte Summe konnte man sich von Strafe für eine Sünde loskaufen.

Missstände, z. B: Verweltlichung · Vetternwirtschaft · Reliquienhandel

„Wenn das Geld im Kasten klingt, die Seele aus dem Fegefeuer springt.“

Martin Luther (*1483, †1546)

Am 31.10.1517 veröffentlichte Martin Luther (1) 95 Thesen, in denen er u. a. den Ablasshandel der katholischen Kirche kritisierte (2) (angeblicher „Thesenanschlag“ an die Wittenberger Schlosskirche):

- Allein durch den Glauben gewinnt der Mensch das ewige Leben.
- Allein aus Gnade vergibt Gott den Menschen.
- Nur das Evangelium bestimmt, was geglaubt werden soll.

(1) Augustinermönch, lehrte Theologie an der Wittenberger Universität
(2) gegen Heiligen- und Reliquienverehrung, Kirchengesetze und Regeln wie z. B. Zölibat (Ehelosigkeit)

1518	Verhör Luthers in Augsburg im Auftrag des Papstes: Luther widerruft nicht. Mit der Behauptung, Papst und Konzilien könnten irren, gilt er als **Ketzer** (↑ S. 48).
1520	Luther verbrennt öffentlich eine päpstliche Drohbulle.
Jan. 1521	Papst Leo X. belegt Luther mit dem Kirchenbann.
Apr. 1521	Reichstag zu Worms: Luther widerruft erneut nicht und wird unter die **Reichsacht** gestellt.
Mai 1521	Wormser Edikt: Luther ist „vogelfrei", er kann straffrei getötet werden. Auf der Wartburg, unter dem Schutz des Kurfürsten von Sachsen (Friedrich der Weise), übersetzt Luther ab Mai 1521 das Neue Testament ins Deutsche.

Glaubensspaltung und -kämpfe

- In **Deutschland** wurden Protestanten und Katholiken 1555 gleichgestellt, nicht aber Kalvinisten (1).
- Nach der Reformation durch **Zwingli** bestimmte der Reformator **Calvin** 1541 das öffentliche Leben in der **Schweiz.**
- In **Frankreich** bekämpften die Katholiken die **Hugenotten,** die sich auf Calvin beriefen. Sie wurden verfolgt, viele getötet (2), der Glaube verboten (3), nachdem man ihnen zunächst Rechte zugestanden hatte (4).
- Der Kampf der kalvinistischen **Niederländer** gegen die katholische spanische Vorherrschaft endete 1587 mit der Gründung der **Republik der Vereinigten Niederlande.**

(1) *Augsburger Religionsfrieden:* „cuius regio eius religio" – wessen das Land (ist), dessen (ist) die Religion
(2) Bartholomäusnacht, 1572
(3) Edikt von Fontainebleau, 1685
(4) Edikt von Nantes, 1598

Bauernkrieg

Ursachen und Forderungen

1524 bis 1526 kam es im süddeutschen Raum zum Bauernkrieg.

Franken · Südwestdeutschland · Thüringen

- Die Bauern fühlten sich immer stärker belastet und in ihren Rechten eingeschränkt. So wurde z. B. die Nutzung der Allmende (von allen genutztes Land) begrenzt.

gestiegene Frondienste und Abgaben · Jagd und Fischerei waren ihnen verboten

- In den **„Zwölf Artikeln"** formulierten sie 1525 unter Berufung auf Luther und die Bibel ihre Forderungen. Luther (↑ S. 44 f.) dagegen sprach von der Pflicht der Obrigkeit, gegen die Bauern und den Missbrauch des Evangeliums vorzugehen.

Abgaben nach Ertragslage · erträgliche Dienstleistungen · Aufhebung der Leibeigenschaft · Rückgabe der Allmende · freie Jagd und Fischerei

Verlauf

Anfängliche Unruhen weiteten sich mit der Verbreitung der „Zwölf Artikel" zu kriegerischen Auseinandersetzungen aus. Zunächst waren die Bauern z. T. erfolgreich und zwangen Adlige und Städte, auf ihrer Seite zu kämpfen. Schließlich gelang es den Landesherren jedoch, die Bauern zu schlagen. Tausende Bauern fanden den Tod.

Gründe für das Scheitern:
keine gemeinsame Führung · kein politisches Konzept · besser organisierte Heere, Disziplin und Bewaffnung aufseiten der Landesherren

Dreißigjähriger Krieg

Protestantische Fürsten wollten ihre Unabhängigkeit gegenüber dem katholischen Kaiser ausbauen. Es entstanden feindliche **Bündnisse** (1), die jeweils über ein Heer verfügten. Als der katholische König von Böhmen den protestantischen Adligen keine politischen und konfessionellen Freiheiten zugestand, kam es zum Dreißigjährigen Krieg im Deutschen Reich (2). Die Bevölkerung trug die Lasten (3).

(1) protestantische Union, 1608 · katholische Liga, 1609
(2) *Auslöser:* Prager Fenstersturz
(3) Entvölkerung ganzer Landstriche · ca. 40 % der gesamten Bevölkerung kamen ums Leben

Phasen des Dreißigjährigen Kriegs (1618 – 1648)

1618 – 1623	**Böhmisch-pfälzischer Krieg:** Kaiserlich-spanische Armee unter Graf Tilly besiegt das Unionsheer; es kommt zur Rekatholisierung Böhmens.
1625 – 1629	**Niedersächsisch-dänischer Krieg:** Dänemark, Niederlande und England unterstützen das protestantische Heer, Herzog Wallenstein den Kaiser. Friede zu Lübeck; Entlassung Wallensteins.
1630 – 1635	**Schwedischer Krieg:** Der evangelische Schwedenkönig Gustav II. Adolf landet in Vorpommern. Zunächst Erfolge, dann Niederlage Tillys. Nach Tillys Tod wird Wallenstein wieder eingesetzt und besiegt die Schweden, dann Ermordung Wallensteins. Friede zu Prag zwischen Kaiser und protestantischen Ständen.
1635 – 1648	**Schwedisch-französischer Krieg:** Der katholische Kaiser erklärt dem katholischen französischen König, der sich mit den evangelischen Schweden verbündet hat, den Krieg.
1648	**„Westfälischer Friede“**

Inquisition

Inquisition (lat. „[gerichtliche] Untersuchung“) bezeichnet die Verfolgung, Folterung und Hinrichtung von „Ketzern“ im Namen der Kirche.

In Spanien fielen der Inquisition zwischen 1481 und 1808 etwa 31 000 Menschen zum Opfer. Rund 370 000 wurden in Kerkern eingesperrt oder verloren ihren Besitz. Nach der vollständigen Rückeroberung („Reconquista“) Spaniens von den Arabern 1492 wurden Muslime und Juden, die im Land blieben, getötet oder zwangsgetauft. „Heimliche Juden“ wurden oft verfolgt.

„Ketzer“

Als „Ketzer“ oder „Häretiker“ wurden Menschen bezeichnet, die von der offiziellen Lehrmeinung der Kirche abwichen. Seitdem das Christentum 380/381 im Römischen Reich Staatsreligion geworden war, wurden „Ketzer“ verfolgt.

„Hexen“ und „Hexer“

In einigen Ländern verband sich die Inquisition mit den Hexenverfolgungen. Als „Hexe“ oder „Hexer“ bzw. „Zauberin“ oder „Zauberer“ konnte jeder verdächtigt werden, der von jemandem denunziert (angezeigt) wurde, mit dem Teufel im Bund zu sein.

Nach Schätzungen waren 60 % bis 80 % der Opfer von Hexenverfolgungen Frauen. Vermutlich waren vor allem ärmere Frauen betroffen. Manche Forscher glauben, dass Frauen, die sich mit der Herstellung von Salben oder Ölen aus Kräutern beschäftigten, oft in Verdacht gerieten.

Hexenverfolgung

Die systematische Verfolgung von „Hexen“ begann 1484 mit der „Hexenbulle“ des Papstes Innozenz VIII. Einen Höhepunkt erreichten die Verfolgungen zwischen 1590 und 1630. Reformation (↑ S. 44 f.) und Gegenreformation sorgten für die Verbreitung des „Hexenwahns“ besonders in Deutschland, Frankreich, Polen, den Niederlanden und der Schweiz. Auch in Nordamerika wurden Hexen verfolgt. In Spanien traf die Inquisition zwar viele Menschen, aber es gab keinen „Hexenwahn“.

- Nach Schätzungen fielen den Hexenverfolgungen zwischen 100 000 und 500 000 Menschen zum Opfer.
- Die letzte Hinrichtung einer „Hexe“ in Deutschland fand 1775 in Kempten statt.
- Die letzte „Hexe“ Europas wurde 1782 in Glarus (Schweiz) geköpft.

„Hexenhammer“

Der „Hexenhammer“, ein 1487 verfasstes Buch über Hexen und Verhörmethoden, schrieb Folter vor, um Geständnisse zu erpressen. Es folgte normalerweise der Tod auf dem Scheiterhaufen.
Es gab zahlreiche Foltermethoden, z. B.:

- Bei der Wasserprobe wurde eine „Hexe“ an Händen und Füßen gefesselt ins Wasser geworfen, wobei sie oft ertrank. Ging sie nicht unter, war der Beweis erbracht, dass sie mit dem Teufel im Bund war.
- Bei der Nadelprobe stach man einer „Hexe“ mit einer sogenannten „Hexennadel“ in eine Warze oder ein Muttermal. Floss kein Blut, galt dies als Beweis für ihre Beziehung zum Teufel.

7 Vom Absolutismus zur Demokratie

Englische Revolution

Parlamentarismus

In England sicherte die **„Magna Charta“** (1215) dem Adel (1) politische **Mitwirkung** zu. Die **„Petition of Right“** gestand dem Parlament 1628 weitere Rechte zu (2). König Karl I. (*1600, †1649) versuchte **absolut** (↑ S. 51), ohne das Parlament, zu regieren. 1640/41 setzte es jedoch weitere Rechte durch (3).

(1) Versammlung der Barone ab 1236: „Parlament“
(2) keine Steuern ohne Zustimmung
(3) Auflösung des Parlaments nur möglich, wenn es selbst zustimmt

Bürgerkrieg und Revolution (1688/89)

Als der König 1642 versuchte, die Wortführer des Parlaments zu verhaften, kam es zum **Bürgerkrieg.**

- **Oliver Cromwell** (1) führte das Parlamentheer. Karl I. wurde gefangen genommen und 1649 hingerichtet. England wurde **Republik.**
- Während der **„Glorious Revolution“** 1688/89 flüchtete König Jakob II. Vor seiner Krönung 1689 garantierte König Wilhelm (*1650, †1702) die Rechte des Parlaments (2).

(1) ein adliger Abgeordneter
(2) „Bill of Rights“, 1689 · Gewaltenteilung: Legislative (gesetzgebende Gewalt) – Parlament · Exekutive (ausführende Gewalt) – König und Regierung

Absolutismus

Frankreich: Ludwig XIV.

1661 übernahm **Ludwig XIV.** (*1638, †1715) die Regierung. Er regierte **absolut,** d. h., er allein bestimmte, was in seinem Land geschehen sollte. Er erließ die **Gesetze,** denen er selbst nicht unterworfen war, und war gleichzeitig **oberster Richter.** Mit einem starken **Heer** sicherte er seine Macht gegen innere Feinde und führte über 36 Jahre lang Eroberungskriege gegen europäische Nachbarn. Mithilfe der Wirtschaftsform des **Merkantilismus** versuchte der König, vor allem durch

- den Import billiger Rohstoffe und
- den Export teurer Fertigprodukte

den Staat zu finanzieren.

Er soll gesagt haben: „L'État c'est moi", franz. „Der Staat bin ich."

400 000 Mann, größtes Heer dieser Zeit

Österreich · Spanien · Niederlande · Deutschland · England · Schweden

Preußen: aufgeklärter Absolutismus

König **Friedrich II.** (*1712, †1786) war stark beeinflusst durch die **Aufklärung** (↑ S. 52). Er schaffte die Folter ab, förderte Bildung, Handel und Gewerbe, regierte jedoch **absolut.** Er verdoppelte die Größe des Heers und machte Preußen in mehreren Kriegen zu einer europäischen Großmacht.

Friedrich II., „der Große"

aufgeklärter Absolutismus: Verbindung von Aufklärung und Absolutismus

Was ist Aufklärung?

Die Aufklärung (aufklären: klar, hell machen; verständlich machen) steht in der Tradition der **Renaissance** und des **Humanismus** (↑ S. 40). Sie fordert den Gebrauch des **Verstands** und wendet sich **gegen Unvernunft** und **Aberglauben.** Die Ideen der Aufklärung entsprachen dem neuen naturwissenschaftlichen Denken, dem **Rationalismus** (ratio, lat. „Vernunft"): Erkenntnisse sollen durch **logisches Denken** und mit überprüfbaren **Erfahrungen** erreicht werden. Die Ideen wurden zum Teil in der Amerikanischen und der Französischen Revolution (↑ S. 53 ff.) verwirklicht.

Der deutsche Philosoph **Immanuel Kant** (*1724, † 1804) fordert in seinem Aufsatz „Was ist Aufklärung?" (1784) den Menschen auf, sich von seiner Unmündigkeit zu befreien und **selbstständig** zu **denken.**

„Habe Mut, dich deines Verstandes zu bedienen!"

„Auf seine Freiheit verzichten heißt auf … die Menschenrechte zu verzichten …"

Ein wichtiges Ziel war die **Befreiung des Menschen** von äußeren Zwängen. Der Franzose **Jean-Jacques Rousseau** (*1712, † 1778) beobachtete, dass die Menschen fast überall in Unfreiheit leben, obwohl sie „frei geboren" werden. Der Mensch solle sich befreien, wenn dies möglich sei.

Charles de Montesquieu (*1689, † 1755) forderte **Gewaltenteilung** im Staat (↑ S. 50): Die drei Gewalten, die gesetzgebende, die ausführende und die richterliche Gewalt, dürften niemals in den Händen einer Person liegen, weil diese die Macht missbrauchen könne.

„Alles wäre verloren, wenn ein und derselbe Mensch … diese drei Gewalten ausübte …"

Unabhängigkeitskrieg und Vereinigte Staaten von Amerika

Amerikanische Revolution (1776)

Am **4. 7. 1776** erklärten Vertreter von 13 britischen Kolonien ihre **Unabhängigkeit.** Dies gilt als „Geburtsstunde" der USA (1).
Es folgte der **Unabhängigkeitskrieg** mit dem englischen Mutterland.
Am 3. 2. 1783 erkannte England die Unabhängigkeit an.
Die **Verfassung von 1787** garantierte die Menschenrechte (2):

(1) Verfasser der Unabhängigkeitserklärung: Thomas Jefferson, Vorbild: Virginia Bill of Rights, 1776
(2) „Leben, Freiheit und Streben nach Glück"

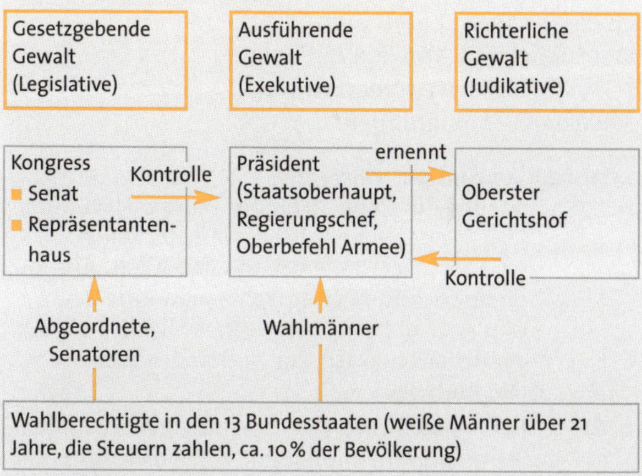

Entwicklung des Wahlrechts: Besitzlose ca. 1830, ehemalige Sklaven 1869, Frauen 1920, Ureinwohner („Indianer") 1924

Französische Revolution

Frankreich vor der Revolution

Die französische Gesellschaft war in **drei Stände** aufgeteilt:

- Der **erste** und der **zweite Stand** besaßen **Privilegien.** Sie waren weitgehend **von Steuern befreit.**
- Auf dem **dritten Stand** lastete fast die gesamte **Steuerlast.**

Die meisten Menschen lebten als Bauern oder Tagelöhner auf dem Land. Dem Grundherrn zu leistende Dienste und Abgaben sowie Leibeigenschaft (↑ S. 31) führten zu Unzufriedenheit. Von den Aufklärern (↑ S. 52) beeinflusst, forderten die Menschen Veränderungen.

erster Stand: Klerus (Geistliche)
zweiter Stand: Adel
dritter Stand: Bürger (reiche Kaufleute, Professoren, Rechtsanwälte, Ärzte, Händler, Handwerker, Tagelöhner, Knechte) · Bauern

Verlauf der Revolution: 1789–1793

5. 5. 1789 **Sitzung der Generalstände:** Für die Abstimmung über neue Steuern fordert der dritte Stand (600 Vertreter, erster und zweiter je 300) Abstimmung nach Köpfen. 40 000 Beschwerdebriefe werden dem König vorgelegt. Schließlich erklärt der dritte Stand sich zur **Nationalversammlung (17. Juni).**

20. 6. **Ballhausschwur:** Die Abgeordneten des dritten Stands schwören, zusammenzubleiben, bis Frankreich eine Verfassung besitzt, die die **Bürgerrechte** garantiert. Der königlichen Anordnung, sich aufzulösen, widersetzen sie sich. Der König erkennt die Nationalversammlung an.

14. 7.	**Sturm auf die Bastille** (bis heute Nationalfeiertag): Königliche Soldaten sind vor Paris stationiert. Die Bevölkerung fürchtet sich. Eine hungrige aufgeheizte Menge ermordet die Wachmannschaft des Pariser Staatsgefängnisses Bastille, ein Symbol der willkürlichen Königsherrschaft.
4./5. 8. (Nacht)	**Ende des Absolutismus:** Die Privilegien des ersten und zweiten Stands werden abgeschafft. Der König soll in Zukunft an eine Verfassung gebunden sein: Mit der **„konstitutionellen Monarchie"** herrscht **Gewaltenteilung** (↑ S. 50).
26. 8.	Die **„Erklärung der Bürger- und Menschenrechte"** wird der Verfassung vorangestellt. Es gelten: **liberté** (Freiheit), **égalité** (Gleichheit), **fraternité** (Brüderlichkeit).
21. 6. 1791	**Verhaftung der königlichen Familie** bei ihrem Fluchtversuch ins feindliche Ausland.
3. 9.	In der neuen **Verfassung** wird Frankreich zur **konstitutionellen Monarchie** erklärt.
20. 4. 1792	Beginn der französischen **Koalitionskriege** gegen Preußen, Österreich, Großbritannien und Spanien.
10. 8.	Nach dem **Sturm auf das königliche Schloss** (**„Sturm auf die Tuilerien"**) fordern die Girondisten das Ende des Königtums.
2.–7. 9.	**„Septembermorde":** Das aufgebrachte Volk tötet über 1000 meist adlige Gefangene im Pariser Gefängnis.
21. 9.	Der von der Nationalversammlung gewählte **„Nationalkonvent"** ruft die **Republik** aus.
21. 1. 1793	**Hinrichtung König Ludwigs XVI.** wegen Hochverrats.

Wohlfahrtsausschuss

Frankreich war durch die Koalitionskriege (↑ S. 55) von außen und durch Aufstände von innen bedroht. Der **Nationalkonvent** (↑ S. 55) übertrug im April 1793 dem **„Wohlfahrtsausschuss“** die Macht. Zwei Parteien bekämpften sich:

- Die **Girondisten** (1) vertraten die Interessen der reichen Kaufleute,
- die **Jakobiner** (2) forderten direkte Volksherrschaft und Gleichheit.

Unter Führung des Rechtsanwalts Maximilien de **Robespierre** rissen sie die Macht schließlich an sich.

(1) benannt nach der Landschaft Gironde in Südwestfrankreich, aus der ihre bekanntesten Redner stammten
(2) benannt nach ihrem Versammlungsort, dem Kloster St. Jacob

Robespierres Diktatur (1793–1794)

Im Juli 1793 wurde die **Gewaltenteilung** (↑ S. 55) aufgehoben. Mit dem Mittel des **Terrors** sollte die Ruhe wiederhergestellt werden (1). Die Menschenrechte waren außer Kraft gesetzt. Politische Gegner oder auch nur Verdächtige wurden verhaftet, vor ein **Revolutionsgericht** (2) gestellt und oft mit der Guillotine hingerichtet (3). Am 27. 7. 1794 wurde Robespierre mit seinen engsten Anhängern verhaftet, angeklagt und am folgenden Tag hingerichtet. Die **Schreckensherrschaft** war beendet.

(1) Die Jakobiner erklärten ihre Feinde zu „Feinden der Republik“.
(2) kein Recht auf Verteidigung · keine Unschuldsvermutung
(3) Schätzungen: 300 000 bis 500 000 Verhaftungen · 35 000 bis 40 000 Hinrichtungen

Der Aufstieg Napoleons

Nach der Schreckensherrschaft übernahm ein fünfköpfiges Direktorium die Regierungsgewalt. Es konnte keine Stabilität herstellen.
Am 9. 11. 1799 riss **General Napoleon Bonaparte** die Macht mit Waffengewalt an sich, 1804 krönte er sich zum **Kaiser.**
Mithilfe der französischen Armee und Truppen, die er in besetzten Ländern ausgehoben hatte, eroberte er weite Teile Europas, bis er 1815 endgültig geschlagen wurde.

Napoleon: besaß große militärische Fähigkeiten · bereits mit 24 Jahren General · entsprach dem Wunsch der Franzosen, nach Jahren der Instabilität einen „starken Mann“ an der Spitze zu haben

Auswirkungen auf Deutschland

- Mit Gründung des **Rheinbunds** (1806–1813) (1) verlor das Deutsche Reich ein Drittel seines Gebiets. Hier galt der **Code civil,** auch **Code Napoléon** genannt (2).
- Nach einem Ultimatum Napoleons legte Franz II. 1806 seine Kaiserwürde nieder und das **Heilige Römische Reich deutscher Nation** endete nach über 900 Jahren.
- Im Frieden von Tilsit 1807 verlor Preußen die Hälfte seiner Staatsfläche. Fortschrittliche preußische Staatsmänner (3) leiteten die **Preußischen Reformen** ein (4).

(1) Staatenbündnis aus deutschen Fürstentümern, die Napoleon ergeben waren
(2) beschnitt Vorrechte des Adels, garantierte bürgerliche Rechte
(3) Freiherr vom und zum Stein
(4) u. a. Bauernbefreiung, Gewerbefreiheit, Heeres- und Bildungsreform

8 Vom Wiener Kongress bis zum Ersten Weltkrieg

Wiener Kongress (1814/15)

Nach dem Sieg über Napoleon (↑ S. 57) berieten die Siegermächte auf dem Wiener Kongress (1) über die **Neuordnung Europas.** Die Restauration (Wiederherstellung) der alten Fürstenmacht verhinderte den bürgerlichen Einfluss auf die Politik.
An die Stelle des aufgelösten Heiligen Römischen Reichs (↑ S. 57) trat der **Deutsche Bund** (2), zunächst unter Führung Österreichs. Fünf Großmächte beherrschten Europa:

- Kaiserreich Russland,
- Kaiserreich Österreich,
- Königreich Preußen,
- Königreich Frankreich,
- Vereinigtes Königreich Großbritannien.

(1) *Ziel:* gesamteuropäische Friedensordnung
Beschlüsse: Russland erhielt den größten Teil Polens, Österreich die Lombardei, Venetien und Teile des Balkan, Preußen erhielt Nordsachsen, das Rheinland und Westfalen.
(2) *Deutscher Bund:* lockerer Staatenbund aus 35 Fürstentümern und vier Städten

Im September 1815 schlossen die Herrscher Russlands, Preußens und Österreichs die **Heilige Allianz** (1). Sie versprachen, ihren Staaten Verfassungen zu geben, lösten dies aber nicht ein. Die Hoffnungen vieler Menschen (2) blieben unerfüllt.

(1) *Ziel:* Sicherung der Monarchien
(2) politische Mitbestimmung · Menschenrechtsgarantien · einheitliche Staaten

Industrielle Revolution

England

- Neue **Spinnmaschinen** (1) und der Maschinenwebstuhl ließen die **Baumwollindustrie** expandieren.
- 1769 konstruierte James Watt eine neue **Dampfmaschine.**
- Brennstoff war **Steinkohle.** Damit war die Industrie unabhängig von Muskel-, Wind- und Wasserkraft.
- Die **Schwerindustrie** nahm einen Aufschwung (2).
- Das **Eisenbahnzeitalter** begann (3).

(1) Spinnmaschine „Jenny“ (36 Spindeln), später 130
(2) durch Roheisenverarbeitung zu Stahl und neue Walzverfahren
(3) Eisenbahnnetz 1830: 152 km, 1850: 10 653 km

Europäischer Kontinent

Die **Industrialisierung** breitete sich aus. 1834 wurde in Deutschland mit dem **Deutschen Zollverein** der Grundstein für einen einheitlichen Markt gelegt. Wo Kohle und Metalle lagerten, entstanden Städte und neue Industriezweige.

zuerst in Belgien, Frankreich, den Niederlanden und der Schweiz

Ruhrgebiet: z. B. chemische Industrie

Kapitalismus

Mit dem Wirtschaftssystem entstand eine neue **„Klasse“**, die **Lohnarbeiter.** Im Frühkapitalismus gab es lange Arbeitszeiten (1), Kinderarbeit, z. T. katastrophale Wohnverhältnisse (2).

(1) z. T. jeweils über 13 Stunden an 6 Tagen je Woche
(2) u. a. Barackenvorstädte

Vormärz (ca. 1815–1848)

Auf dem **Wartburgfest** (1) 1817 forderten ca. 450 Studenten und einige Professoren einen deutschen Nationalstaat, eine Verfassung, Bürgerrechte und damit das Ende der Fürstenherrschaft.
Zwei Jahre später verboten die **Karlsbader Beschlüsse** (2) die studentischen Burschenschaften und „revolutionäre Umtriebe".

(1) bei Eisenach
(2) „Demagogenverfolgung" genannt: angeblich revolutionäre Studenten wurden als „Demagogen" (Volksverführer) betrachtet

1832 fand das **Hambacher Fest** statt. Etwa 30 000 Teilnehmer trugen schwarz-rot-goldene Fahnen und forderten nationale Einheit, Freiheit und Gerechtigkeit.

Ausdruck des Wunschs nach einer einheitlich deutschen Nation

Deutsche Revolution 1848/49

Nationalversammlung

Nach einer erneuten Revolution in Frankreich im Februar 1848, die den König zur Abdankung zwang, kam es in fast allen europäischen Ländern zu Unruhen (1).
Kurz darauf fanden die ersten freien allgemeinen Wahlen zur deutschen Nationalversammlung statt (2). Am 18. 5. 1848 tagten die Abgeordneten in der **Paulskirche** in Frankfurt a. M.

(1) Berlin im März: 200 Tote nach Straßenkämpfen mit Soldaten
(2) wahlberechtigt: volljährige, finanziell selbstständige Männer, einfache Handwerker, Arbeiter nicht

Die Parlamentarier beschlossen die Garantie der Bürgerrechte in einer zukünftigen Verfassung und stritten im Wesentlichen um zwei Punkte:

- **„großdeutsche Lösung“** unter Einschluss des deutschsprachigen Teils Österreichs oder **„kleindeutsche Lösung“:** ein deutscher Staat unter Führung Preußens ohne Österreich;
- **konstitutionelle Monarchie** oder **Republik.**

Die Mehrheit entschied sich für eine konstitutionelle Monarchie und die „kleindeutsche Lösung“.

Abgeordnete: vorwiegend Angehörige des besitzenden Bürgertums, der Intelligenz, Kaufleute, Gutsbesitzer, wenige Handwerker, nur ein Kleinbauer

Das Ende der Revolution

Die Parlamentarier scheiterten, weil der König von Preußen die ihm angebotene Krone nicht annahm. Es kam erneut zu Aufständen, die blutig niedergeschlagen wurden. Die Revolution endete am 23. 7. 1849 mit der Kapitulation der Aufständischen in der Festung Rastatt. Viele Revolutionäre wurden hingerichtet oder kamen ins Gefängnis.

Folge der Aufstände: Zahl der Auswanderer in die USA stieg an

Gründe für das Scheitern

- Die Revolution wurde vor allem vom intellektuellen Bürgertum getragen.
- Das Besitzbürgertum wollte zwar einen einheitlichen Staat, aber keinen sozialen Umsturz.
- Militär und Beamtentum blieben königstreu, die Nationalversammlung verfügte über kein Militär.

Deutsches Kaiserreich (1871 – 1890)

Reichsgründung (1871)

Durch Bündnispolitik und in drei Kriegen gegen Dänemark, Österreich und Frankreich hatte Bismarck das Gebiet Preußens vergrößert und dessen Führungsposition im Deutschen Bund (↑ S. 58) gestärkt. Im Krieg gegen Frankreich 1870/71 vereinte er die deutschen Staaten. Im Spiegelsaal von Versailles wurde am 18. 1. 1871 die Reichsgründung verkündet und Wilhelm I. (*1797, †1888) zum deutschen Kaiser ausgerufen. Das Reich entsprach etwa der „kleindeutschen Lösung“ (↑ S. 61).

Otto von Bismarck (*1815, †1898): konservativer, monarchisch gesinnter Abgeordneter im preußischen Landtag · seit 1862 preußischer Ministerpräsident · 1871 bis 1890 Reichskanzler

Verfassung des Deutschen Reichs 1871 bis 1918 (konstitutionelle Monarchie)

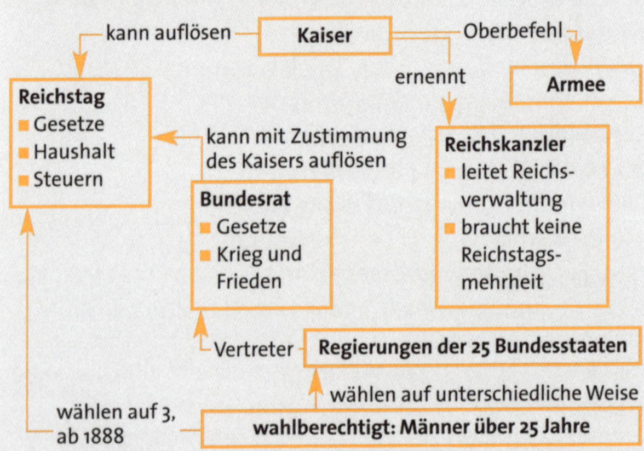

Grundrechte werden nicht garantiert.

„Kulturkampf“ (1871 – ca. 1878)

Der Staat wollte den Einfluss der katholischen Kirche auf staatliche Angelegenheiten unterbinden:
- „Kanzelparagraph“ (1),
- staatliche Schulaufsicht,
- Zivilstandsgesetz (2),
- Verbot aller Orden außer solchen, die Krankenpflege ausüben.

Nach Verhandlungen mit dem Papst wurden viele Maßnahmen rückgängig gemacht.

(1) Gefängnis für Geistliche, die sich im Amt politisch kritisch äußerten
(2) Geburten, Todesfälle, Trauungen sind nur staatlich beurkundet rechtswirksam

Sozialistengesetz (1871 – 1890) und Sozialgesetzgebung

Das **Sozialistengesetz** (1) sollte die sozialdemokratische Parteiorganisation behindern (2) und den Einfluss der Partei vermindern. Die Partei selbst wurde nicht verboten. Sozialdemokraten konnten weiterhin in den Reichstag gewählt werden.
Mit seiner **Sozialgesetzgebung** (3) wollte Bismarck die Lebensbedingungen der Arbeiter verbessern und sie so der Sozialdemokratie entziehen. Wie bei keiner anderen Partei stieg die Zahl der vom Volk gewählten sozialdemokratischen Abgeordneten jedoch kontinuierlich an.

(1) eingeführt nach zwei Attentaten auf den Kaiser, sozialdemokratischer Hintergrund nie nachgewiesen
(2) Versammlungs-, Veröffentlichungs- und Organisationsverbot
(3) 1883 Kranken-, 1884 Unfall-, 1889 Alters- und Invalidenversicherung

Bismarcks Bündnissystem

Bismarck erklärte, Deutschland sei „saturiert". Seine Bündnispolitik verfolgte die Vermeidung eines Zweifrontenkriegs und die Isolation Frankreichs. Kein Land konnte ein anderes angreifen, ohne Gefahr zu laufen, selbst angegriffen zu werden:

saturiert: bezüglich des Zugewinns von Gebieten zufrieden gestellt
Nach der Reichsgründung fühlte sich v. a. „Erbfeind" Frankreich bedroht.

- - - - **Dreikaiserbund (1872/73):** Beratung im Konfliktfall; 1881 bis 1887: Neutralitätsabkommen, falls eine vierte Macht einen der Partner angreift

—— **Zweibund (1879):** gegenseitige Hilfe bei russischem Angriff

······· **Dreibund (1882, Beitritt Rumäniens 1883):** bei Angriff Frankreichs auf Italien Beistandspflicht für Deutschland und Österreich-Ungarn, bei Angriff auf Deutschland nur für Italien

- - - - **Rückversicherungsvertrag (1887):** Neutralität, falls ein Partner Krieg mit einer anderen Großmacht führt

—— **Mittelmeerabkommen (1887) nach Vermittlung Bismarcks:** Verpflichtung zur Verteidigung des Osmanischen Reichs im Fall eines russischen Angriffs

„Neuer Kurs“ Kaiser Wilhelms II.

1888 wurde Wilhelm II. (*1859, †1941) Deutscher Kaiser. Er entließ den Kanzler 1890. Bismarcks Außenpolitik setzte er nicht fort.
Seine unbesonnenen Äußerungen (1) schadeten dem Ansehen Deutschlands. Die neue Außenpolitik nahm wesentliche Änderungen:

- Aufbau einer **Flotte** (2), die mit der Englands konkurrieren sollte;
- **„Weltpolitik“:** Deutschland sollte weitere Kolonien (↑ S. 66 ff.) erwerben;
- Nichtfortsetzung der Bündnispolitik.

Das Ergebnis war eine weitgehende **Isolation** des Deutschen Reichs, das nur noch mit den wirtschaftlich und militärisch schwachen Partnern Österreich-Ungarn und Italien (**„Mittelmächte“**) verbündet war.

(1) „Hunnenrede“ vor Truppen, die zur Niederschlagung des „Boxeraufstands“ nach Ostasien geschickt wurden: „Pardon wird nicht gegeben! Gefangene werden nicht gemacht! Wer euch in die Hände fällt, sei euch verfallen!“

(2) Schlachtschiffe der deutschen Kriegsflotte
1897: 7,
1905: 27,
1913: 33, davon 13 Großkampfschiffe

Dem gegenüber stand das Militärbündnis **Großbritannien – Frankreich – Russland.** Russland stand Serbien nahe, das im Balkanbund Bulgarien, Griechenland und Montenegro verpflichtet war. Im Kriegsfall lief Deutschland Gefahr, an zwei Fronten kämpfen zu müssen.

„Entente“ oder **„Alliierte“** genannt

Kolonialismus

Unter Kolonialismus versteht man die Beherrschung fremder, vorgeblich kulturell unterlegener Länder (1), die durch ein militärisch überlegenes **„Mutterland“** zu Kolonien gemacht werden.

- Aus **Handelsniederlassungen,** z. B. in Afrika, wurden **Protektorate** (Schutzgebiete) und schließlich **Kolonien** eines **Imperiums.**
- Die Kolonien lieferten den „Mutterländern“ billige Rohstoffe und dienten ihnen z.T. als Absatzmarkt für Fertigprodukte (2).

(1) Briten als „erste Rasse der Welt“ (Cecil Rhodes, britischer Kolonialpolitiker)
(2) Großbritannien bezog in Indien günstig Baumwolle und Seide und verkaufte Textilien nach Indien. Die indische Tuchindustrie ging so zugrunde.

Aufteilung der Welt

Um 1900 war fast die gesamte Erde territorial unter den **Kolonialmächten** aufgeteilt.
Um die letzten Gebiete entstand ein Wettkampf, weil unterschiedliche Nationen Ansprüche auf dieselben Gebiete erhoben.
Erst nach dem Zweiten Weltkrieg erhielten viele Kolonien ihre Eigenständigkeit zurück. Die ehemaligen Kolonien haben oft bis heute mit großen Problemen zu kämpfen, die ihre Ursachen in der Kolonialzeit haben.

Frankreich und Belgien beanspruchten z. B. den Kongo, England und die Niederlande Südafrika.

willkürliche Grenzziehungen

Kolonien in Afrika

Um 1900 hatten europäische Mächte fast alle Gebiete Afrikas kolonialisiert oder dort Stützpunkte zum weiteren Ausbau von Kolonien errichtet:

FR.-S. Französisch-Somaliland
BR.-S. Britisch-Somaliland
G. Gambia
P.-G. Portugiesisch-Guinea
S. L. Sierra Leone
IT.-S. Italienisch-Somaliland

Deutsche und britische Kolonialherrschaft

Die **Deutschen** besaßen Kolonien in Afrika, in der Südsee und in China. Kolonien in Afrika waren: Togo, Kamerun, „Deutsch-Ostafrika“ (heute: Tansania) und „Deutsch-Südwestafrika“ (heute: Namibia, ↑ S. 67).

Die Deutschen in „Deutsch-Südwestafrika“

Mit dem Eindringen der Deutschen änderte sich das Leben der einheimischen Bevölkerung grundlegend: Sie konnte sich nicht mehr frei bewegen, Wasser und Weiden nicht mehr ungehindert nutzen, die Jagd wurde verboten. Zuwiderhandlungen oder „Unzuverlässigkeit“ führte sehr schnell zu Prügelstrafen. Viele Einheimische empfanden die Eingriffe in ihr bisheriges Leben als Vernichtung ihrer Lebensgrundlage.

1904 bis 1907 erhoben sich die Stämme Nama und Herero. Die Aufstände wurden blutig niedergeschlagen, viele Aufständische auch nach den Kämpfen hingerichtet. Der deutsche Oberbefehlshaber General von Trotha ließ die Überlebenden, darunter sehr viele Frauen und Kinder, in die Wüste treiben, wo sie verdursteten. Etwa 1500 deutsche Soldaten starben. Von den 100 000 Herero und Nama überlebten nur ca. 25 000.

Das Ende „Deutsch-Südwestafrikas“

Nach dem Ersten Weltkrieg verlor Deutschland seine Kolonien (Versailler Vertrag, ↑ S. 75) größtenteils an England, Frankreich und die Südafrikanische Union. Namibia wurde erst im März 1990 unabhängig. Neben der Amtssprache Englisch ist Deutsch immer noch eine anerkannte Nationalsprache (Minderheitensprache).

Großbritannien war die stärkste Kolonialmacht. Man spricht auch vom **„British Empire“.** Es besaß Kolonien in Afrika (↑ S. 67), zahlreiche Inseln in aller Welt, außerdem Kanada, Australien, Neuseeland und „Britisch-Indien“.

Die Briten in „Britisch Indien“

Die Briten unterstützten die indischen Fürsten, die Maharadschas. So sicherten sie ihren Einfluss im Land. Der Export maschinell hergestellter Fertigwaren in die Kolonie ruinierte die einheimische Wirtschaft.

1857 wurde ein Aufstand der „Sepoys“, angeworbene einheimische Soldaten, niedergeschlagen, zahlreiche Aufständische wurden hingerichtet.

Das Ende „Britisch Indiens“

Seit den 1920er-Jahren wurde Indiens Unabhängigkeitsbewegung unter Führung des Rechtsanwalts **Mahatma Gandhi** stärker. Mit gewaltlosem Widerstand sollte die Kolonialmacht gebrochen werden:

8

Boykott britischer Importartikel · Steuerboykott · „Salzmarsch“ 1930

Während des Zweiten Weltkriegs wuchs die Bewegung. Außerdem konnte Großbritannien das große Land nicht mehr verwalten. 1947 wurde Indien unabhängig.
Mit der Unabhängigkeit der britischen Kronkolonie kam es sofort zu Gewaltausbrüchen zwischen Hindus und Muslimen mit Tausenden von Toten. „Britisch-Indien“ wurde gespalten in die bis heute verfeindeten Staaten Indien (vorwiegend hinduistisch) und Pakistan (vorwiegend muslimisch).

Revolutionen in Russland

Februar- und Oktoberrevolution (1917)

Infolge schwerer Verluste im Ersten Weltkrieg (↑ S. 72 f.) und einer schlechten Versorgung von Soldaten und Zivilbevölkerung kam es im Februar 1917 zu Streiks in St. Petersburg, die im November 1917 in der bolschewistischen Machtübernahme mündeten.

11. 3. 1917 Schießbefehl des **Zaren Nikolaus II.** auf die Demonstranten. Soldaten stellen sich auf die Seite der Protestierenden.

15. 3. Der Zar dankt ab und wird am 21. 3. verhaftet („Märzrevolution").

ab März Die **Duma** (Parlament) bildet eine **Provisorische Regierung** unter Ministerpräsident Kerenski, die eine **parlamentarische Demokratie** (Vertreter des Adels und des Bürgertums, Rede-, Presse- und Versammlungsfreiheit) anstrebt und den Krieg weiterführen will. Die **Sowjets (Arbeiter und Soldatenräte)** unter Führung der **Bolschewiki** und Wladimir Iljitsch **Lenin** fordern dagegen die **Diktatur des Proletariats** („Alle Macht den Räten!"), die Abschaffung des Privateigentums und die Beendigung des Kriegs.

8. 11. In der Nacht zum 8. 11. übernehmen die „Roten Garden" der Bolschewiki (von Leo Trotzki gebildete und geführte Milizen) die Kontrolle über die Stadt und verhaften die Provisorische Regierung. Lenin ruft die Sowjetmacht aus. Nach dem alten russischen Kalender war dies die Nacht auf den 26. Oktober **(„Oktoberrevolution")**.

Bürgerkrieg (Mai 1918 bis Ende 1920)

Revolutionsgegner, die z.T. vom Ausland mit Geld und Truppen unterstützt wurden, bekämpften als „Weiße Armee“ die „Rote Armee“ der Bolschewiki unter Trotzki.
Bis zum Sieg der „Roten“ starben etwa 6 Millionen Menschen in den Kämpfen, an Hunger und Seuchen. Der Zar und seine Familie wurden von den Bolschewiki ermordet.

1918/19: alliierte Intervention britischer und französischer Truppen

Stalinismus

Nach Lenins Tod 1924 errichtete Josef **Stalin** in der **UdSSR** eine **Diktatur,** die bis zu seinem Tod 1953 bestand.

UdSSR, Abkürzung für **U**nion **d**er **S**ozialistischen **S**owjet**r**epubliken

- Nach der Verstaatlichung der Wirtschaft wurde die Landwirtschaft zwangsweise kollektiviert und die Industrialisierung des rückständigen Staats vorangetrieben.

Sowchosen und Kolchosen (staatliche landwirtschaftliche Großbetriebe)

- Millionen Menschen wurden in Lagern zur Arbeit gezwungen, viele starben. Niemand war vor Verhaftung, Lager und Tod sicher.

öffentliche Schauprozesse · erzwungene Geständnisse

- „Säuberungen“ forderten in den 1930er-Jahren über 10 Mio. Menschenleben. Angeblich „konterrevolutionäre Klassenfeinde“ verschwanden in Lagern, wurden nach Sibirien deportiert oder hingerichtet.

z.B. Kulaken (Mittel- und Großbauern)

Erster Weltkrieg (1914 – 1918)

Ursachen

Gründe für den Krieg waren:
- Wettrüstung,
- Wettbewerb und Streit um den Besitz von Kolonien,
- Nationalismus (Überlegenheitsgefühl anderen Nationen gegenüber),
- Isolierung Deutschlands,
- innenpolitische Probleme,
- Intention der Briten, die deutsche Handelsflotte zu vernichten,
- Revancheabsichten Frankreichs,
- Bestreben Österreich-Ungarns, Serbien zu zerschlagen und die Vormachtstellung auf dem Balkan zu erreichen.

Der Krieg wurde in weiten Teilen der Bevölkerung aller Staaten als Erlösung empfunden.

besonders in Russland und Österreich-Ungarn

Rückgewinnung Elsass-Lothringens und die Annexion des Saarlands

Anlass

Nach der Ermordung des Thronfolgers Österreich-Ungarns, Erzherzog Franz-Ferdinand, am 28. 6. 1914 durch einen serbischen Attentäter verschärfte sich der Konflikt beider Staaten und rief deren Verbündete auf den Plan. Im Juli erteilte Deutschland Österreich-Ungarn eine **„Blankovollmacht“** für einen Krieg gegen Serbien. Ein Krieg Deutschlands mit Russland verpflichtete dessen Ententepartner (↑ S. 65).

Österreich-Ungarn war Verbündeter Deutschlands, Serbien wurde von Russland gestützt.

Verlauf

Menschen- und Materialschlachten prägten den Jahre andauernden **Stellungskrieg** mit geringen Veränderungen des Frontverlaufs zwischen den Krieg führenden Parteien.

ineffektive Sturmangriffe mit hohen Verlusten · wochenlanges Trommelfeuer · Giftgaseinsatz

1914	Deutschland besetzt Belgien, Angriff auf Frankreich („Schlieffenplan“) bleibt stecken. Militärische Erfolge Deutschlands gegen Russland: „Schlacht von Tannenberg“.
1915	Nach Seeblockade Deutschlands durch die englische Flotte uneingeschränkter U-Boot-Krieg Deutschlands auch gegen zivile Seefahrt, nach Drohung der USA zunächst wieder aufgehoben.
1916	Materialschlacht bei Verdun (Frankreich)
Februar 1917	Kriegserklärung der USA an Deutschland infolge des wieder aufgenommenen uneingeschränkten U-Boot-Kriegs: Die Entente verfügte über große Menschen- und Materialreserven.
Februar 1918	Waffenstillstand zugunsten Deutschlands mit Russland nach der Oktoberrevolution (↑ S. 70).
März – Juli	Letzte erfolglose Offensive des deutschen Heeres im Westen.
August	Alliierter Vorstoß an der Somme.
August/ September	Oberste Heeresleitung (OHL) erklärt die Fortführung des Kampfs für aussichtslos und fordert Waffenstillstandsverhandlungen.
November	Waffenstillstand an allen Fronten.

Bilanz des Kriegs: ca. 10 Mio. Tote

9 Weimarer Republik

Deutsche Revolution (1918/19)

Ende des Kaiserreichs (9. 11. 1918)

Der Befehl der Marineführung, gegen die englische Flotte auszulaufen, führte zur **Meuterei der Matrosen,** die sich zu einer **Revolution gegen** die **Monarchie** ausweitete.
Am 9. 11. 1918 um 14 Uhr rief der sozialdemokratische Reichstagsabgeordnete Scheidemann die **„Deutsche Republik“** (1) aus. Zwei Stunden später proklamierte der Führer des linksradikalen Spartakusbunds Liebknecht die **„sozialistische Republik“** (2).

(1) parlamentarische Demokratie: wichtige politische Entscheidungen werden vom Parlament getroffen · Gewaltenteilung
(2) Die Spartakisten wollten das Rätesystem installieren.

Revolution und Bürgerkrieg

Es entwickelte sich ein **Bürgerkrieg** zwischen sozialdemokratischer Regierung und aufständischen Spartakisten. Die Regierung ließ den Aufstand mithilfe von Freikorps blutig niederschlagen.
Am 11. 8. 1919 unterzeichnete Reichspräsident Friedrich Ebert die **Weimarer Verfassung.**

Freikorps: irreguläre militärische Verbände, ermordeten im Januar 1919 die Spartakistenführer Rosa Luxemburg und Karl Liebknecht

Am 28. Juni 1919 unterzeichneten Vertreter der deutschen sozialdemokratischen Regierung, nachdem die Militärs (OHL) dies gefordert hatten, den Versailler Vertrag. Rechtliche Grundlage war der Kriegsschuldartikel 231, der **„Deutschland und seine Verbündeten als Urheber aller Verluste und Schäden“** benannte.

Weitere Bestimmungen:
- Reparationen: 226 Mrd. Goldmark
- Sachlieferungen: Kohle, Maschinen, Handelsschiffe
- Verkleinerung der Reichswehr auf max. 100 000 Mann
- Verlust der Kolonien

Folgen

Der Versailler Vertrag wurde von den Deutschen als **Demütigung** („Schandvertrag“) empfunden. Seit Beginn der Weimarer Republik brachte er die Vertreter der jungen **Demokratie** unberechtigterweise in Misskredit bei großen Teilen der Bevölkerung.

Die **politische Rechte** und **Hitler** gaben während der Weimarer Republik die **Schuld** für den **Versailler Vertrag** den **Vertretern der Demokratie.** Tatsächlich hatte die **militärische Führung** die Beendigung des Kriegs und die Unterschrift unter den Vertrag befürwortet.

9

Außenpolitik

Die Außenpolitik der Weimarer Republik verfolgte im Wesentlichen:

- **Revision** (Änderung) des Versailler Vertrags,
- **Rückkehr** Deutschlands in die **Völkergemeinschaft** als gleichberechtigtes Mitglied,
- der **wirtschaftliche Aufschwung** sollte **innenpolitische Stabilität** ermöglichen.

Gustav Stresemann (Außenminister von 1923 bis 1929) prägte die Politik dieser Jahre. Er gewann das Vertrauen des Auslands wieder.

1922	**Rapallo-Vertrag** zwischen **Deutschland** und **Russland:** Zusammenarbeit beider Staaten.
1924	**Dawes-Plan:** Die Reparationsforderungen werden zugunsten Deutschlands neu festgelegt: Wirtschaftshilfe (Kredite) aus den USA, Räumung des Ruhrgebiets.
1925	**Konferenz von Locarno** zwischen Deutschland und Belgien sowie Deutschland und Frankreich: Anerkennung gemeinsamer Grenzen.
1926	Deutschland tritt in den **Völkerbund** ein: Rückkehr zur Völkergemeinschaft.
1929	**„Young-Plan“:** Änderung der zu erbringenden Reparationsleistungen zugunsten Deutschlands: jährlich noch 2 Mrd. Goldmark. Räumung des Rheinlands. Tatsächlich wurden die **Zahlungen 1931** endgültig **eingestellt.**

Die **Revision** des **Versailler Vertrags** war somit weit fortgeschritten. Hitlers Hetze gegen die Republik und den Vertrag ging weiter.

Volksbegehren gegen den Young-Plan, 1929

Innenpolitik

Angriffe auf die Republik (1920–1923)

- **1920 Kapp-Putsch:** rechtsgerichtete Freikorpssoldaten (↑ S. 74) scheiterten bei dem Versuch, die Demokratie durch eine Diktatur abzulösen.
- **1923 Hitler-Putsch:** Die NSDAP versuchte ohne Erfolg die Reichsregierung zu stürzen.
- **Arbeiteraufstände:** Im Ruhrgebiet bildete sich 1920 eine **Rote Ruhrarmee.** 1923 folgten weitere Arbeiteraufstände. Die Reichswehr schlug die Aufstände blutig nieder.

Viele Arbeiter wurden zu Feinden der Republik.

bis 1922 mehr als 350 politisch motivierte Morde, darunter prominente Opfer wie Walther Rathenau (jüdischer Außenminister) und Matthias Erzberger (Finanzminister)

Hamburg · Sachsen · Thüringen

Inflation (1923)

Infolge der Kriegsschulden und der im **Versailler Vertrag** (↑ S. 75) festgelegten Reparationen wurden die Staatseinnahmen immer geringer. Rohstoffe mussten aus dem Ausland eingekauft werden, die Preise stiegen. Der Staat ließ mehr Geld drucken. Weil aber nicht mehr Waren zur Verfügung standen, stiegen die Preise weiter. Der **„Ruhrkampf“** (Januar bis August 1923) trieb die **Inflation** noch weiter voran.

Ruhrkampf: Belgien und Frankreich besetzten das Ruhrgebiet, als Deutschland seinen Verpflichtungen aus dem Versailler Vertrag nur teilweise nachkam. Die Wirtschaft kam zum Erliegen.

Inflation (1923)

Im November 1923 war das deutsche Geld praktisch wertlos. Es gab eine Währungsreform, die „Rentenmark" wurde eingeführt. Das alte Geld wurde entwertet.
Viele Menschen verloren ihr gesamtes angespartes Vermögen und wurden zu erbitterten Feinden der Weimarer Republik.

1 kg Brot kostete 1923 201 000 000 000 Mark.

Relative Stabilisierung (1924–1928)

Die neue Währung und Kredite (↑ S. 76) aus den USA bewirkten einen **wirtschaftlichen Aufschwung** in den Jahren 1924 bis 1928. Die Arbeitslosigkeit ging zurück.
Außerdem gab es einen **kulturellen Aufschwung.**
Für einige Zeit schien die Demokratie sich zu **stabilisieren.**

„Goldene Zwanziger": hohe kulturelle Leistungen, u. a. in den Bereichen Literatur, Malerei, Musik, Film

„relative Stabilisierung"

Steigende Arbeitslosigkeit

1929 erreichte die von den USA ausgehende **Weltwirtschaftskrise** ihren Höhepunkt. Kredite aus den USA wurden gestoppt.
Zahlreiche Firmen in Deutschland gingen bankrott, die **Arbeitslosigkeit** stieg.

Zusammenbruch der New Yorker Börse („Crash") am 24. 10. 1929: **Schwarzer Freitag**

1929 waren fast 1,9 Mio. Menschen (9,6 %) arbeitslos, 1932 über 5,5 Mio. (30,8 %). Mit dem Geld der Arbeitslosenversicherung konnte eine Familie nicht über eine längere Zeit ernährt werden. Immer mehr Menschen verloren das Vertrauen in den Staat.

Viele Menschen glaubten, Hitler könne die Arbeitslosigkeit beseitigen.

Hitlers Aufstieg

Die **Wirtschaftskrise** und vor allem die dadurch bedingte **Arbeitslosigkeit** trieben die Menschen in die Arme der **republikfeindlichen Parteien KPD** und **NSDAP.** Seit 1932 besaßen die republikfeindlichen Parteien zusammen 50 % der Stimmen im Reichstag, 1933 waren es über 50 %. Die NSDAP war die stärkste Partei.

Die Propaganda von NSDAP und KPD setzte sich deutlich in Opposition zur Weimarer Republik: „Unsere letzte Hoffnung: Hitler“ (NSDAP) · „Schluss mit dem System“ (KPD)

Zusammensetzung des Reichstags

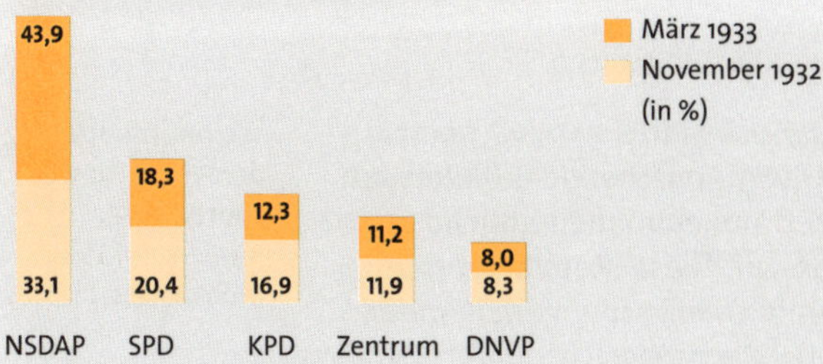

alle anderen*: 1932: 9,3 %
1933: 6,3 %

* BVP, DVP, Dt. Staatspartei, Sonstige

10 Nationalsozialismus und Zweiter Weltkrieg

Ideologie und Auswirkungen

Die nationalsozialistische Ideologie verbindet **Konzepte unterschiedlichster Herkunft.** Ihre Grundzüge finden sich in Hitlers Buch „Mein Kampf“ (1925/26). Innen- und außenpolitische Ziele waren von der Ideologie bestimmt.

Rassenlehre · Lebensraum-Theorie

Rassenlehre

Die „germanische“ „Rasse“ bezeichnete Hitler als höherwertige **Herrenrasse („Arier“),** dunkelhäutige Menschen, Slawen, Juden oder Sinti und Roma („Zigeuner“) galten als minderwertige **„Untermenschen“.**

Diskriminierung · systematische Vernichtung (↑ S. 81, 90 f.)

Sozialdarwinismus

Der „Sozialdarwinismus“ übertrug die Evolutionstheorie des Biologen C. R. Darwin auf menschliche „Rassen“. Diese „Rassen“ kämpfen angeblich immer gegeneinander, wobei die „höherwertigen“ den „minderwertigen“ überlegen sind.

Weiterentwicklung der Arten durch „natürliche Auslese“ · Kampf ums Dasein

Antisemitismus

Hitler steigerte den z. T. vorhandenen Antisemitismus: Die „arische“ Rasse müsse „rein“ gehalten werden. Er verfolgte die **Verdrängung** der Juden aus dem Berufs-, Wirtschafts- und Gesellschaftsleben und betrieb dann ihre vollständige **physische Vernichtung.**

Reichspogromnacht (9./10. 11. 1938)
Holocaust
(↑ S. 90 f.)

„Lebensraum im Osten“

Die „höherwertige“ Rasse der „Arier“ benötigte nach der nationalsozialistischen Ideologie mehr „Lebensraum im Osten“ (Polen und Russland).

Überfall auf Polen: Auslöser für den Zweiten Weltkrieg (↑ S. 87 ff.)

Machtübernahme (30. 1. 1933)

Reichspräsident P. von Hindenburg ernannte **Hitler** zum **Reichskanzler,** als eine parlamentarische Mehrheit für eine Regierung wiederholt nicht zustande kam (↑ S. 79). Im Kabinett waren neben drei Nationalsozialisten acht nichtnationalsozialistische Minister vertreten. Man glaubte irrtümlicherweise, Hitler „zähmen“ zu können. Bei den **Reichstagswahlen** im **März 1933** erhielt die NSDAP **43,9 %** der Stimmen – mehr als je zuvor, aber nicht die absolute Mehrheit.

Seit dem Scheitern des Hitler-Putschs 1923 (↑ S. 77) versuchte Hitler auf scheinbar legalem Weg die Macht an sich zu bringen.

Errichtung der Diktatur

Der Reichstagsbrand (27. 2. 1933) und seine Folgen

Einen Tag nach dem Reichstagsbrand brachten Hitler und Göring die **Notverordnung „zum Schutz von Volk und Staat"** im Kabinett durch. Diese **„Reichstagsbrandverordnung"** setzte die Grundrechte außer Kraft.
Ihr Ziel war, weitere politische Gegner auszuschalten. Mehr als 4000 Kommunisten wurden wegen eines angeblich bevorstehenden kommunistischen Aufstands in „Schutzhaft" genommen. Es entstanden erste Konzentrationslager (↑ S. 90) zur Inhaftierung politischer Gegner.

Ursache für den Brand bis heute ungeklärt

Grundrechte wie Recht auf persönliche Freiheit, Presse- und Versammlungsfreiheit außer Kraft gesetzt

Schutzhaft: willkürliche Verhaftung ohne gerichtliche Kontrolle

Ermächtigungsgesetz (23. 3. 1933)

Mit dem sog. **Ermächtigungsgesetz** entmachtete sich das Parlament selbst und übertrug seine Macht auf Hitler. Die Regierung konnte nun Gesetze, auch solche, die nicht verfassungsgemäß waren, erlassen.
Viele kommunistische Abgeordnete waren bereits in Haft oder befanden sich im Untergrund. Die SPD stimmte als einzige Partei gegen das Gesetz.

„Gesetz zur Behebung der Not von Volk und Reich": rechtliche Grundlage der Diktatur des Nationalsozialismus – Weimarer Verfassung war praktisch außer Kraft gesetzt.

Verbot von Gewerkschaften (2. 5. 1933) und Parteien (22. 6. 1933)

Nach dem Verbot von Gewerkschaften und SPD lösten sich die übrigen Parteien selbst auf. SPD und KPD arbeiteten illegal weiter.

im Untergrund · im Exil (Ausland)

„Röhm-Putsch" (30. 6. 1934)

Als Teile der **SA** (**S**turm**a**bteilung) eine weitere Stärkung der SA und mehr innenpolitischen Einfluss beanspruchten, ließ Hitler Stabschef **E. Röhm** und die **SA-Führung** durch die **SS** (**S**chutz**s**taffel) ermorden. Die SA war entmachtet, die Bedeutung der SS wuchs. Bei der Reichswehr gewann Hitler an Sympathie.

SA: paramilitärische Kampforganisation der NSDAP
SS: zunächst für den persönlichen Schutz Hitlers geschaffen, eine der wichtigsten Organisationen des NS-Systems

Ausbau der Diktatur

P. von Hindenburg starb 1934. **Hitler** wurde nun als **„Reichskanzler und Führer"** Staatsoberhaupt. Er übernahm den **Oberbefehl über die Reichswehr.** Die Diktatur war in ihren Grundzügen abgeschlossen. Im öffentlichen Leben wurde durch die **Gleichschaltung** der Exekutive und des öffentlichen Lebens (↑ S. 85) das **„Führerprinzip"** durchgesetzt.

Treueeid der Reichswehr auf die Person Adolf Hitler, nicht, wie zuvor, auf die Verfassung

Gleichschaltung der Länder · Auflösung der Gewerkschaften u. a.

Wirtschaft und Arbeitslosigkeit bis Kriegsbeginn

Nach außen gelang es, die hohe Arbeitslosigkeit (↑ S. 79) zu beseitigen. Sie sank von (1933) 4,8 Mio. auf (1939) 0,1 Mio. Dies geschah unter Verletzung des Versailler Vertrags (↑ S. 75) vor allem mit dem Mittel der **Aufrüstung,** die durch hohe **Staatsverschuldung** finanziert wurde.
Die öffentlichen Ausgaben stiegen zur gleichen Zeit von 10,1 Mrd. Reichsmark/Jahr auf 31,3 Mrd., der Anteil der Rüstung von 6,9 % auf 55,0 %. Für einen großen Teil der Bevölkerung war dies ein wirtschaftlicher Erfolg Hitlers. Diese jedoch nur scheinbare Sanierung der Wirtschaft hätte gegen Ende der 1930er-Jahre zum **Staatsbankrott** geführt.

Arbeitsbeschaffungsprogramme (z. B. Autobahnbau) · Reichsarbeitsdienst: sechsmonatige Verpflichtung junger Männer, ab 1939 auch junger Frauen, z. B. als Erntehelfer · Wiedereinführung der Wehrpflicht (1935): Zum Militärdienst eingezogene junge Männer machten Arbeitsplätze frei.

Der **Krieg** und das damit verbundene Ziel der **Ausbeutung** der eroberten Länder und der dort lebenden Menschen waren notwendig, um den **Bankrott** zu **verhindern.**
Die Rüstungsausgaben belegen die zielstrebige Kriegsvorbereitung. Die Wirtschaft wurde der nationalsozialistischen Ideologie der Krieg führenden Rassen (↑ S. 81) untergeordnet.

Doppelspiel: Friedensbeteuerung nach außen und Aufrüstung als Kriegsvorbereitung

Gesellschaft

Die **nationalsozialistische Ideologie** sah vor, die Menschen ab dem 10. Lebensjahr in staatliche Organisationen aufzunehmen und so auf den Nationalsozialismus einzuschwören.

Hitlerjugend: 1933 etwa 3 Mio. Jugendliche, 1939: 12 Mio. · **SA** (↑ S. 83): 1933 ca. 700 000 Männer

Dem Einzelnen sollte nur wenig Spielraum für sein Privatleben bleiben. Der nationalsozialistische Staat bestimmte das Leben der Menschen. Er bildete ein totalitäres System, das alle Lebensbereiche erfasste. Offiziell gab es keine Verpflichtung für Kinder oder Jugendliche, nationalsozialistischen Organisationen beizutreten. Die Angebote erschienen vielen jedoch attraktiv, sodass praktisch die gesamte Jugend in das System eingebunden war.

Deutsche Arbeitsfront (statt Gewerkschaften) · **Kraft durch Freude** (Freizeit) · Gleichschaltung von Rundfunk/Presse

Geländespiele · Schießübungen

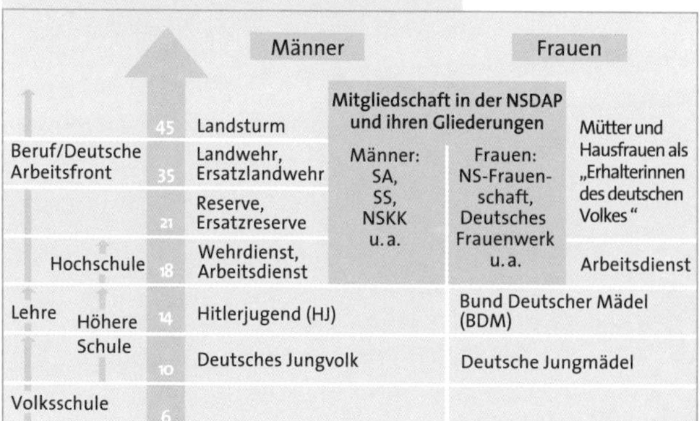

Außenpolitik (1933–1939)

Hitler verfolgte zwei Ziele, oft unter Verletzung des Versailler Vertrags*: ↑S. 75

- Vergrößerung des „Lebensraums“, ↑S. 81
- Schaffung eines „Großdeutschen Reichs“.

14. 10. 1933	**Austritt aus dem Völkerbund**
13. 1. 1935	90 % bei Abstimmung im **Saargebiet** für **Rückgliederung** in das Deutsche Reich
16. 3. 1935	**Allgemeine Wehrpflicht** und Aufbau einer deutschen Luftwaffe*
18. 6. 1935	Deutsch-britisches Flottenabkommen über die Stärken der Flotten
7. 3. 1936	**Besetzung** des entmilitarisierten **Rheinlands***
25. 10. 1936	**„Achse Berlin-Rom“:** Bündnis mit Italien
25. 11. 1936	**Antikominternpakt:** mit Japan gegen UdSSR
13. 3. 1938	**„Anschluss“ Österreichs** mit breiter Zustimmung der Bevölkerung*
29./30. 9. 1938	**Münchener Abkommen:** Deutschland, Italien, Großbritannien und Frankreich beschließen die Abtretung des Sudetengebiets der Tschechoslowakei an Deutschland. Die **Appeasement-Politik** (appeasement, engl. „Beschwichtigung“) der britischen Regierung macht Hitler Zugeständnisse, um so den Frieden zu erhalten.
16. 3. 1939	**„Reichsprotektorat Böhmen und Mähren“** (Angliederung) unter Missachtung des Münchener Abkommens, Ende der Appeasement-Politik
28. 3. 1939	**Hitler-Stalin-Pakt,** Nichtangriffspakt und geheimes **Zusatzprotokoll** u. a. über die Aufteilung Polens

Zweiter Weltkrieg (1939–1945)

Überfall auf Polen (1. 9. 1939) und Krieg im Westen

- Nach der Entfesselung des Kriegs **kapitulierte Polen** am **28. 9. 1939.**
- Im April 1940 wurden **Norwegen** und **Dänemark** besetzt.
- Am 22. 6. folgte der **Waffenstillstand mit Frankreich:** Nord- und Mittelfrankreich wurden besetzt.
- **England** unter W. Churchill blieb zum **Widerstand** entschlossen.

Blitzkriegstrategie: zusammenwirkender massiver Einsatz von Boden-, Luft- und Seestreitkräften

Überfall auf die Sowjetunion (22. 6. 1941) und Krieg im Osten

Hitlers Krieg war ein „Rassen- und Vernichtungskrieg“ (↑ S. 80) (1).

- Deutsche Truppen stießen unter Verletzung des Kriegsrechts (2) weit in den russischen Raum vor.
- Im Oktober blieben sie vor Moskau und Leningrad stecken.
- Überfall Japans auf **Pearl Harbor** am **7. 12. 1941.** Die **USA** trat aktiv in den Krieg ein.
- Nach Geländegewinnen im Sommer 1942 **kapitulierte** die 6. Armee in Stalingrad im Januar 1943 (3). Propagandaminister Goebbels forderte nun den **„totalen Krieg“** (4).

(1) Völkermord an den Juden · Dezimierung der slawischen Bevölkerung
(2) Kommissarbefehl
(3) bedeutender Wendepunkt des Kriegs
(4) Einsatz aller menschlichen, materiellen und „moralischen“ Kräfte

Vormarsch der Alliierten und Ende des Kriegs (2. 9. 1945)

- Am 6. 6. 1944 landeten die Alliierten in der **Normandie.** Die von Deutschland besetzten Gebiete und schließlich das Deutsche Reich selbst wurden nun von Osten und Westen aufgerollt. Am **7. 5. 1945 kapitulierte Deutschland.**
- Der **Krieg im Pazifik** zwischen den USA und Japan dauerte noch bis zum August/September 1945.
Er endete mit den Abwürfen zweier **Atombomben** auf die japanischen Städte Hiroschima am 6. und Nagasaki am 9. 8. und zwang **Japan** zur **Kapitulation am 2. 9.**

Der 6. 6. 1944 wird auch „D-Day" genannt („Tag X" im Deutschen).

Die Atombomben auf Hiroschima und Nagasaki fordern ca. 200 000 Tote, 100 000 Verletzte. An den Spätfolgen sterben noch Tausende.

Bilanz des Kriegs

In keinem Krieg vor oder nach dem Zweiten Weltkrieg wurden so viele Menschen getötet oder verletzt oder haben ihren Besitz und ihre Heimat verloren. Der Zweite Weltkrieg forderte unter Zivilbevölkerung und Soldaten mindestens 62 Mio. Tote, u. a.:

Kriegsverbrechen an Soldaten und Zivilbevölkerung: Tötungen · Deportationen · Vertreibungen

UdSSR	ca. 20 Mio., davon ca. 7 Mio. Zivilisten
Deutschland	5,2 Mio., davon ca. 500 000 Zivilisten
Polen	5–6 Mio., davon über 4 Mio. Zivilisten
Jugoslawien	1,7 Mio., davon ca. 1,3 Mio. Zivilisten
Japan	1,8 Mio., davon ca. 600 000 Zivilisten

Widerstand

Besetzte Gebiete

- U. a. in Frankreich, Jugoslawien, Griechenland und der Sowjetunion entstanden **Partisanenbewegungen.**
- Es gab **Überfälle** auf Soldaten, **Attentate** auf hohe Polizei- oder SS-Funktionäre.
- 1943 erhoben sich während des **Warschauer Gettoaufstands** Juden gegen ihren Abtransport in Vernichtungslager.

Partisan: Angehöriger bewaffneter, irregulärer Verbände, die aus dem Hinterhalt operieren; 1942 töteten tschechische Attentäter den hohen SS-Offizier Reinhard Heydrich.

Deutschland

Vor allem nach Kriegsbeginn formierte sich Widerstand, der im **Untergrund** unter Lebensgefahr gegen das Regime arbeitete: Kirche (1), Bürgertum, SPD, KPD, Studentenschaft (2), einzelne Widerstandskämpfer (3).
Die nationalsozialistische Diktatur hätte nur der **militärische Widerstand** beseitigen können. Das Attentat vom **20. 7. 1944,** ausgeführt von **Klaus Graf von Stauffenberg,** und der versuchte **Militärputsch** (4) scheiterten jedoch.
Das nationalsozialistische Regime ließ etwa 12 000 Widerstandskämpfer hinrichten.

(1) Dietrich Bonhoeffer · Kardinal von Galen
(2) „Die weiße Rose“ um die Geschwister Hans und Sophie Scholl
(3) Georg Elser
(4) Aufstand einer zum Militär gehörigen Gruppe, die die Staatsgewalt an sich reißt

Die Begriffe **Holocaust** und **Shoa** bezeichnen die Judenvernichtung während des Nationalsozialismus. Der nationalsozialistische Antisemitismus begann mit der Ausgrenzung und Diskriminierung jüdischer Mitbürger, verschärfte sich in tätlichen Angriffen und steigerte sich in die systematische und technisierte Ermordung von Juden mit Kriegsbeginn.

Erste **Konzentrationslager** (KZ) gab es 1933.

Politische Gegner wurden gefangen genommen und misshandelt, mussten Zwangsarbeit verrichten und wurden vielfach getötet. Es gab Hunderte solcher Konzentrationslager.

Vernichtungslager (Konzentrationslager, in denen auch industriell mit Gas getötet wurde) entstanden ab Mitte 1941.

Das größte Vernichtungslager war **Auschwitz-Birkenau** in Polen, wo ca. 1 Mio. Menschen (geschätzte Zahl) ums Leben kamen.

Judenverfolgung (Auswahl)

Vor dem Krieg

1935 **„Nürnberger Gesetze“** (juristische Grundlage):

Heirat und Geschlechtsverkehr zwischen Nichtjuden und Juden wurden bestraft. Juden wurden rechtlich herabgestuft.

9./10.11.1938: Reichspogromnacht (im nationalsozialistischen Sprachgebrauch „Reichskristallnacht“):

Ermordung und Verhaftung von Juden, Zerstörung von Synagogen und jüdischen Geschäften. Juden dürfen nicht mehr Geschäfte oder Betriebe führen.

Seit Kriegsbeginn

Deutschland, verbündete und besetzte Gebiete wurden nach Juden „durchkämmt“.

Aufgegriffene Juden wurden von Erschießungskommandos sofort **ermordet** oder in Konzentrationslager **deportiert.** Sie wurden gezwungen, sich zu Tode zu arbeiten (Zwangsarbeit), zu Tode gehungert oder als „lebensunwert“ vergast.

Januar 1942: **„Wannsee-Konferenz“** in Berlin über die Ermordung der europäischen Juden. Die Nationalsozialisten sprachen von der **„Endlösung der Judenfrage“.**

Juni 1942: Beginn der Massenvergasungen in Auschwitz.

Die tödliche Bilanz

Insgesamt kamen etwa **6 Millionen Juden** und **500 000 Sinti und Roma** ums Leben. Verfolgt wurden auch politische Gegner, religiöse Minderheiten (Zeugen Jehovas) und Homosexuelle. Dem „Euthanasieprogramm“ der Nationalsozialisten fielen etwa 60 000 bis 80 000 behinderte oder kranke Menschen zum Opfer.

11 Deutschland nach 1945

Nachkriegszeit

Potsdamer Konferenz (1945)

Nach den Beschlüssen der drei Siegermächte des Zweiten Weltkriegs wurden die ehemals deutschen Ostgebiete unter polnische und sowjetische Verwaltung gestellt. Polen wurden zwangsweise hierher umgesiedelt, Millionen Deutsche **flüchteten** oder wurden **vertrieben,** viele **starben.**

„Potsdamer Abkommen“ (17. 7.–2. 8. 1945) der „Großen Drei“: USA, UdSSR, Großbritannien

Nürnberger Prozesse (1945–1949)

Die **Hauptkriegsverbrecher** wurden vor einem **internationalen Militärgericht** angeklagt: Verbrechen gegen den Frieden, gegen die Menschlichkeit, Kriegsverbrechen.
Es folgten **12 Nachfolgeprozesse** wegen medizinischer Versuche an Kriegsgefangenen und KZ-Häftlingen (1), rechtswidriger Verfolgungen (2), Einsatz von Zwangsarbeitern und Raub (3), Geiselmord, Verantwortung innerhalb von Konzentrationslagern.

12 Todesurteile · 7 Freiheitsstrafen zwischen 10 Jahren und lebenslänglich · 3 Freisprüche

(1) „Ärzteprozess“
(2) „Juristenprozess“
(3) „Flick-“, „IG-Farben-“, „Krupp-Prozess“

Besatzungszeit und Gründung zweier deutscher Staaten

Deutschland war in **vier Besatzungszonen** (5. 6. 1945) aufgeteilt (1). Infolge verschiedener Interessen (2) entstand im Westen am 1. 1. 1947 die britisch-amerikanische **Bi-Zone,** der sich die französische Zone am 8. 4. 1949 anschloss. In ihr wurde das Grundgesetz, die Verfassung der **Bundesrepublik Deutschland,** verkündet (23. 5. 1949). Kurz darauf entstand in der sowjetisch besetzten Zone (SBZ) die **Deutsche Demokratische Republik** (7. 10. 1949).

(1) *vier Siegermächte:* Großbritannien · USA · Sowjetunion · Frankreich
(2) zunächst gemeinsame Ziele (Potsdamer Abkommen): Demilitarisierung, Denazifizierung, Dezentralisierung, Demokratisierung (DeDeDeDe)

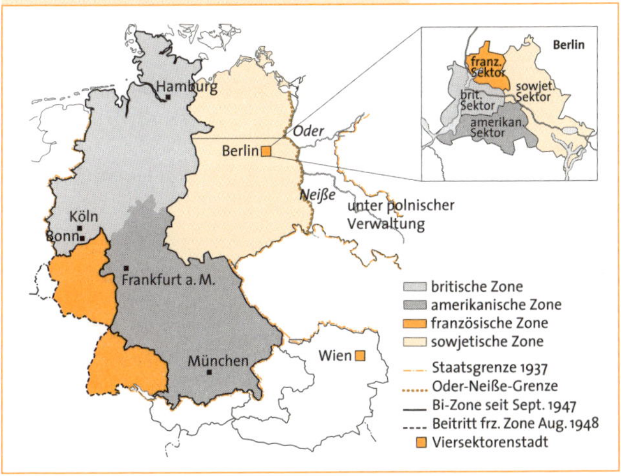

11

Wirtschaftliche Entwicklung in der BRD und DDR

Bundesrepublik Deutschland (BRD)

- Seit 1947 erhielten die Westzonen nach dem **„Marshallplan“** Sachlieferungen und Kredite zum Aufbau ihrer Wirtschaft. Trotzdem drohte infolge der nationalsozialistischen Kriegswirtschaft (↑ S. 84) eine Inflation (↑ S. 77). Waren wurden zurückgehalten, aus Angst, das Geld könne bald wertlos sein (1).
- Die **Währungsreform** 1948 ersetzte die Reichsmark durch die Deutsche Mark im Verhältnis 1:10 (2). Eine **freie und soziale Marktwirtschaft** entstand. Für DM erhielt man Waren, die es zuvor nur auf dem Schwarzmarkt gab.

(1) Schwarzmarkt · „Hamstern“ auf dem Land · Tausch- statt Geldhandel
(2) zunächst 40 DM „Kopfgeld“

Unterstützt durch den „Marshallplan“ gelangen ein Wiederaufbau der Wirtschaft und eine Steigerung des Lebensstandards.

„Wirtschaftswunder“

In den 1960er-Jahren herrschte Arbeitskräftemangel, sodass aus dem Ausland Arbeitskräfte angeworben wurden. Seit den 1970er-Jahren sind Arbeitslosigkeit und hohe Lohnnebenkosten große wirtschaftliche und politische Herausforderungen.

Anwerbung von „Gastarbeitern“ aus Italien, Spanien, Portugal, später aus der Türkei

Deutsche Demokratische Republik (DDR)

Die Entwicklung der DDR zielte auf die Übernahme des **Sozialismus** nach russischem Vorbild (↑ S. 70 f.). Die staatlich gelenkte **Planwirtschaft** begann 1945 mit der Kollektivierung, d. h. der entschädigungslosen **Enteignung** von Großgrundbesitzern (1).

- Ab dem 30. 6. 1946 wurden Großbetriebe enteignet. Es entstanden VEGs und VEBs (2).
- Der Eintritt von Kleinbauern in LPGs (3) ab 1952 wurde oft erzwungen.

Der wirtschaftliche Aufbau verlief langsam, weil die Sowjetunion zunächst Industrieanlagen demontieren ließ und einen Teil der erwirtschafteten Gewinne als Kriegsentschädigung beanspruchte.

(1) *Kollektivierung:* Umwandlung von Privat- in Gemeinbesitz „Junkerland in Bauernhand“ (Junker: Bezeichnung für ostelbische Großgrundbesitzer)
(2) *VEGs:* volkseigene Güter
VEBs: volkseigene Betriebe
(3) *LPGs:* landwirtschaftliche Produktionsgemeinschaften

Trotz anfänglicher Schwierigkeiten konnten Produktivität und Lebensstandard in der DDR im Vergleich zu anderen Staaten des Ostblocks gesteigert werden. Der Lebensstandard der Bundesrepublik und die politisch-gesellschaftlichen Gegebenheiten der DDR steigerten jedoch die Unzufriedenheit der Bevölkerung und ließen eine Opposition heranwachsen.

Mangel an Kaffee, Papier, Obst (Bananen) · Schlangestehen · Wartezeiten auf Telefonanschluss 10 Jahre, für Auto („Trabant“) 15 Jahre

Verfassungen

BRD

Seit 1948 erarbeiteten die Ministerpräsidenten der Westzonen im Auftrag ihrer Besatzungsmächte eine **Verfassung.** Es entstand eine **parlamentarische Demokratie:**

↑ S. 74

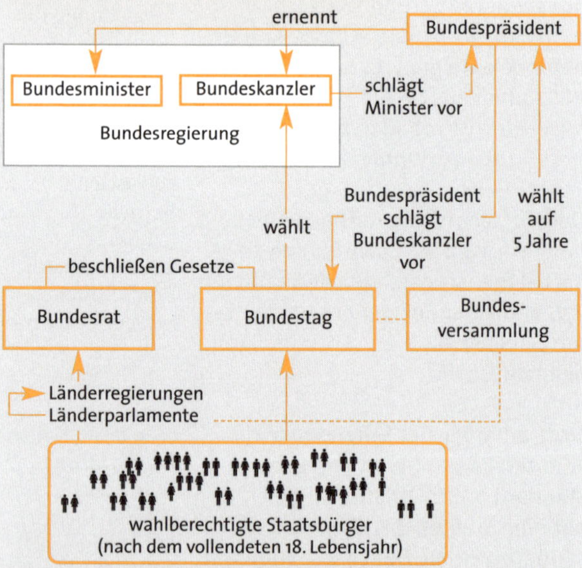

- Die Grund- und Menschenrechte sind unaufhebbar.
- Der Bundeskanzler braucht das Vertrauen des vom Volk gewählten Bundestags.
- Gewaltenteilung (↑ S. 50, 55): Legislative: Bundestag und Bundesrat, Exekutive: Bundeskanzler und Regierung, Judikative: Bundesverfassungsgericht

DDR

Die zunächst noch föderalen Züge der DDR wurden beseitigt.
Bis zur neuen Verfassung von 1968 wurde die Rolle der **SED** immer weiter ausgebaut:

Abschaffung der Länder, 1952

SED, Abkürzung für **S**ozialistische **E**inheitspartei **D**eutschlands

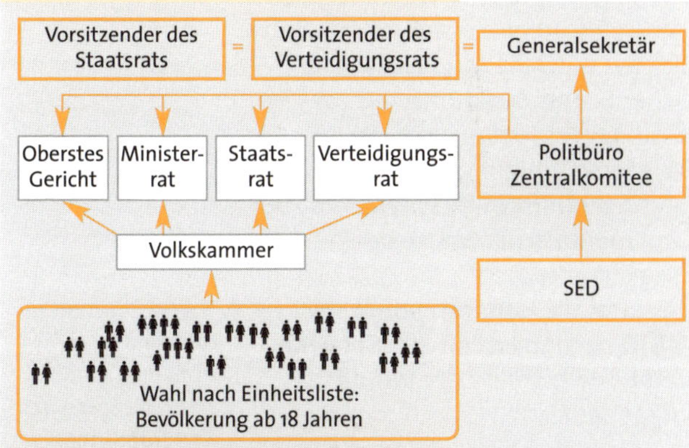

Die Verfassung garantierte demokratische Rechte. Die **Verfassungswirklichkeit** sah anders aus:

- Die politische Macht ging ausschließlich von der SED aus (1).
- Kritik jeder Art wurde als „Boykotthetze“ strafrechtlich verfolgt.
- Wahlen waren nicht frei (2).
- Die „Stasi“ (3) bespitzelte Bürger.
- Die Reisefreiheit wurde stark eingeschränkt.

(1) „demokratischer Zentralismus“
(2) keine Kabinen
(3) Stasi, Abkürzung für **Sta**ats**si**cherheit; 1989 80 000 bis 100 000 offizielle, 100 000 inoffizielle Mitarbeiter

Außenpolitik in der BRD und DDR

Die deutschen Staaten im Kalten Krieg

Der erste Bundeskanzler der **BRD,** Konrad Adenauer (CDU, 1949 bis 1963), verfolgte eine **Westintegration** der Bundesrepublik auf gesellschaftlicher, politischer und wirtschaftlicher Ebene. Er glaubte, dass das im Grundgesetz verankerte Ziel der Wiedervereinigung beider deutscher Staaten nur mithilfe wirtschaftlicher und militärischer Stärke des Westens erreichbar sei.
1955 trat die Bundesrepublik der **NATO** bei und erhielt ihre Souveränität. Die Bundeswehr wurde aufgebaut.

NATO: Nordatlantikpakt-Organisation, gegründet 1949, militärisches Verteidigungsbündnis westlicher demokratischer Länder

Die Regierung der **DDR** stand der **Sowjetunion** nahe.
Ebenfalls 1955 schloss sich die DDR dem **Warschauer Pakt** an und gründete die „Nationale Volksarmee“.

Warschauer Pakt: 1955 gegründetes östliches Militärbündnis kommunistischer Länder

Beide deutsche Staaten gehörten damit **verfeindeten Militärbündnissen** an.

Neue Ostpolitik der BRD (seit 1969)

Die Teilung Deutschlands verstärkte den Kalten Krieg und verfestigte das kühle Verhältnis zwischen Ost und West.

↑ S. 93
↑ S. 104

Die neue Bundesregierung unter Willy Brandt (Koalition von SPD und FDP, 1969 – 1974) verfolgte die Überwindung der deutschen Zweistaatlichkeit mittels einer „neuen Ostpolitik“.

„Wandel durch Annäherung“

Es wurden folgende Verträge geschlossen:

- Moskauer Vertrag 1970 (mit UdSSR),
- Warschauer Vertrag 1970 (mit Polen),
- Grundlagenvertrag zwischen Bundesrepublik und DDR 1972.

Vereinbarungen: gegenseitige Anerkennung der Gleichheit der jeweiligen Staaten · keine Androhung oder Anwendung von Gewalt · Unverletzlichkeit der bestehenden Grenzen · Achtung der Menschenrechte

Das Verhältnis von Ost und West und die Situation der Menschen verbesserten sich erheblich, beispielsweise durch die Erleichterung bei Reisen von Ost nach West und umgekehrt.
Bürgerrechtler in der DDR beriefen sich auf die getroffenen Vereinbarungen und gewannen dadurch einen gewissen Schutz vor der Willkür des Staats.

Innenpolitische Entwicklung in der BRD und DDR

17. Juni 1953 in der DDR

Die DDR-Führung versuchte, die langsame wirtschaftliche Entwicklung des Landes mit Druck voranzutreiben. Als die Arbeitsnormen in der DDR ohne Lohnausgleich erhöht werden sollten, demonstrierten Zehntausende von Menschen zunächst dagegen. Kurz darauf forderten sie die Absetzung der Regierung und freie Wahlen (1). Sie formierten sich zu einem **Volksaufstand,** den die DDR-Regierung mithilfe sowjetischer Soldaten blutig niederschlagen ließ (2).

(1) Demonstrationen in 167 von 217 Städten und Landkreisen
(2) zwischen 125 und 500 Tote, z. T. standrechtliche Erschießungen (Hinrichtungen ohne Gerichtsverfahren), 1400–1600 langjährige Haftstrafen

Bau der Berliner Mauer (1961)

Seit 1955 ließ die Regierung der DDR die Grenzanlagen ausbauen, denn viele Menschen siedelten in die BRD über: bis 1961 ca. 2,6 Mio.
Der DDR fehlten zunehmend qualifizierte Arbeitskräfte. Mit dem Bau der Berliner Mauer in der Nacht zum **13. 8. 1961** war die Grenze zwischen Ost- und Westdeutschland geschlossen. Zeitweise galt für Grenzsoldaten ein „Schießbefehl" ohne Vorwarnung auf Flüchtlinge.

bis zum Fall der Mauer (↑ S. 102 f.) 1989 mindestens 825 Tote bei Fluchtversuchen an der deutsch-deutschen Grenze, davon über 200 an der Berliner Mauer, nur wenigen gelang die Flucht

Protest in der BRD

In der Bundesrepublik kam es – wie in fast allen europäischen Staaten und den USA – gegen Ende der 1960er-Jahre zu Massenprotesten.

- Vor allem Studenten demonstrierten gegen die **„Notstandsgesetze“** und gegen den Umgang mit der Protestbewegung.
- Unzufriedenheit herrschte auch wegen mangelnder gesellschaftlicher Auseinandersetzung mit der nationalsozialistischen Vergangenheit. Wichtige Positionen in Militär, Justiz, Wirtschaft und Wissenschaft waren mit ehemaligen Nationalsozialisten besetzt.

Auslöser: Vietnamkrieg der USA

Notstandsgesetze: konnten Grundrechte außer Kraft setzen

2. 6. 1967: Der Tod des unbeteiligten Studenten Benno Ohnesorg im Umfeld einer Demonstration gegen den Schah von Persien (Diktatur) verstärkte die Protestbewegung.

Der Protest richtete sich schließlich gegen die bürgerliche Gesellschaft und die parlamentarische Demokratie (↑ S. 74, 96), die vielen als unzureichend für die Durchsetzung politischer und gesellschaftlicher Reformen und Veränderungen erschien. Die **„APO“** entstand. Eine gewaltbereite Splittergruppe, die **„RAF“**, schreckte auch nicht davor zurück, Menschen zu verletzen, zu entführen oder zu töten, um ihre Ziele durchzusetzen.

APO, Abkürzung für **A**ußer**p**arlamentarische **O**pposition

RAF, Abkürzung für **R**ote **A**rmee **F**raktion, bis 1977 47 Tote, davon 17 RAF-Terroristen

In der Nacht vom 9./10. 11. 1989 durchschritten Tausende von Menschen die innerdeutsche Grenze in Berlin. Seit 1961 war diese Grenze undurchlässig (↑ S. 100). Was war geschehen?

seit 1970er-Jahre Unter dem Dach der evangelischen Kirche kämpft eine Opposition u. a. für die Einhaltung von Menschenrechten.

15. Januar 1989 Demonstration in Leipzig, Transparente mit der Aufschrift „Freiheit ist immer auch die Freiheit des Andersdenkenden“ (Rosa Luxemburg) sind zu sehen. Es kommt zu zahlreichen Verhaftungen.

März 1989 Es folgen weitere Demonstrationen in Leipzig: Etwa 600 DDR-Bürger fordern ihre Ausreise.

Mai 1989 Wahlfälschungen der Regierung werden bekannt und empören große Teile der DDR-Bevölkerung.

Juli bis September 1989 DDR-Bürger besetzen die Ständige Vertretung der Bundesrepublik in Berlin (Ost) und die Botschaften der Bundesrepublik in Prag, Warschau und Budapest. Die DDR-Regierung gestattet nach Verhandlungen die Ausreise, weil der 40. Jahrestag der Gründung der DDR bevorsteht.

August bis Oktober 1989 Ungarn öffnet seine Grenze nach Österreich. Mehrere tausend DDR-Bürger, die hier im Urlaub sind, flüchten (19. 8.).
Die Menschen treffen sich wöchentlich zu Massendemonstrationen („Montagsdemonstrationen“) in Leipzig und gründen Oppositionsgruppen.

7. Oktober 1989 M. Gorbatschow, Staatschef der UdSSR seit 1985, fordert bei den Feierlichkeiten zum 40-jährigen Bestehen der DDR Reformen: „Wer zu spät kommt, den bestraft das Leben.“

9. Oktober 1989 Mehr als 70 000 Menschen demonstrieren in Leipzig für Reformen. Volkspolizei und Sicherheitskräfte schreiten trotz Einsatzbefehls nicht ein. Staatschef Honecker tritt zurück (18./24.10.). Auf immer größeren Demonstrationen rufen DDR-Bürger selbstbewusst: „Wir sind das Volk."

7./8. November 1989 Der Ministerrat (Regierung) und das Politbüro treten zurück. Die neue Regierung stellt vage Reformen und Reisefreiheit für alle DDR-Bürger in Aussicht.

9./10. November 1989
Politbüromitglied Günter Schabowski verkündet überraschend Reisefreiheit an allen DDR-Grenzstellen. Tausende durchschreiten daraufhin die Berliner Grenzanlagen. Die DDR-Grenzsoldaten haben keine Handlungsanweisungen und lassen die Menschen passieren. Die Berliner Mauer ist gewaltfrei gefallen.

3. Oktober 1990 Nach freien Volkskammerwahlen (18.3.) folgen die „Zwei-plus-Vier-Verhandlungen" (DDR und Bundesrepublik Deutschland + Siegermächte des Zweiten Weltkriegs: Großbritannien, USA, UdSSR und Frankreich): Deutschland kann in der NATO bleiben und verpflichtet sich im Gegenzug, die Zahl der Soldaten von 500 000 auf 370 000 zu reduzieren. Die DDR tritt der Bundesrepublik durch den Einigungsvertrag bei.

2. Dezember 1990 Aus den ersten gesamtdeutschen Wahlen geht die CDU/CSU als stärkste Partei (43,8 %) hervor.

Der 9. November in der deutschen Geschichte

- 1918: Ende des Kaiserreichs, Ausrufung der Republik
- 1923: gescheiterter Hitler-Putsch
- 1938: Reichspogromnacht
- 1989: Fall der Berliner Mauer

12 Die Welt nach 1945

Ost-West-Konflikt

Die gegensätzlichen Vorstellungen der UdSSR und der westlichen Demokratien unter Führung der USA führten zum Jahrzehnte dauernden Ost-West-Konflikt. Beide Blöcke standen sich schließlich konventionell und mit Atomwaffen gerüstet gegenüber.

Winston Churchill sprach 1946 vom „eisernen Vorhang“: Die UdSSR schirmte ihren Herrschaftsbereich gegen den Westen ab.

Westliche Staaten	Ostblock
Demokratien mit Gewaltenteilung, Grundrechten	zentralistische Einparteiensysteme
pluralistische Bürgergesellschaften	sozialistische „Arbeiter- und Bauernstaaten“
(soziale) Marktwirtschaft	zentral organisierte Planwirtschaft
NATO (↑ S. 98)	Warschauer Pakt (↑ S. 98)

Stellvertreterkriege

Im **Koreakrieg** (1950–1953) und im **Vietnamkrieg** (1964–1975) standen sich jeweils zwei von sowjetischer und chinesischer Seite unterstützte kommunistisch und von amerikanischer Seite unterstützte kapitalistisch orientierte Bürgerkriegsparteien gegenüber.

finanzielle Hilfen · Waffenlieferungen · militärische Beratung und Ausbildung · direkte militärische Unterstützung durch Truppen

Nach der Stationierung russischer Atomraketenbasen auf Kuba 1962 vermieden die **Supermächte** USA und UdSSR während der **Kubakrise** einen Nuklearkrieg erst in letzter Minute.

Kuba: seit der kommunistischen Revolution 1959 unter Fidel Castro mit der Sowjetunion befreundet

Entspannungspolitik

Das **„Gleichgewicht des Schreckens"** beruhte auf gegenseitiger Abschreckung durch Atomwaffen.
Die neue Entspannungspolitik zielte auf **friedliche Koexistenz:**

1972 Im SALT-Abkommen (**S**trategic **A**rms **L**imitation **T**alks) wird die Anzahl konventioneller und atomarer Waffen begrenzt und z. T. reduziert.

1973 Die KSZE (**K**onferenz über **S**icherheit und **Z**usammenarbeit in **E**uropa) vereinbart für den Fall eines drohenden Atomkriegs die Aufnahme von Gesprächen zwischen West und Ost.

1980er-Jahre Die UdSSR reagiert mit „Glasnost" („Offenheit") und „Perestroika" („Umbau") auf wirtschaftliche Probleme und sucht die Annäherung an den Westen.

1987 US-Präsident Reagan und der Staatschef der UdSSR Gorbatschow beschließen den Abbau aller atomarer Mittelstreckenraketen.

Seit dem wirtschaftlichen Zusammenbruch und der Auflösung der UdSSR 1991 ist der Ost-West-Konflikt beendet.

Ehemalige Sowjetrepubliken erklären ihre Unabhängigkeit.

UNO (United Nations Organisation)

Die UNO wurde 1945 zur Bewahrung und Förderung des Friedens gegründet. Wichtigstes Organ ist der Sicherheitsrat, der z. B. über den Einsatz von Friedenstruppen (Blauhelme) abstimmt.
In einer **Charta** sind die Ziele der UNO festgeschrieben:

- weltweite Friedenssicherung,
- Schutz und Durchsetzung der Menschenrechte,
- weltweiter sozialer Fortschritt,
- Zusammenarbeit und Gleichberechtigung der Völker,
- humanitärer und militärischer Einsatz in Krisengebieten.

United Nations Organisation („Vereinte Nationen"), bis 2008 192 Staaten, Sitz in New York

Blauhelmeinsätze, z. B.: Kroatien (1992–1995, 1996–2002) · Bosnien-Herzegowina (1995 bis 2002) · Osttimor (1999 bis 2002) · Zentralafrikanische Republik (seit 2007)

Das System der Vereinten Nationen

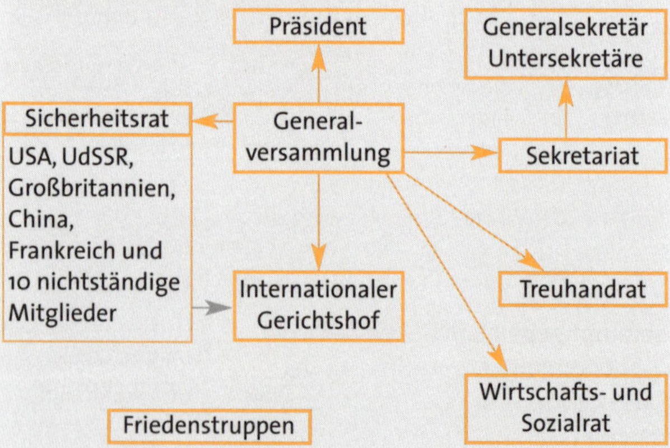

Europäische Union (EU)

Die Europäische Union (EU) entwickelte sich aus einem Verbund von Staaten, der auf die Schaffung eines gemeinsamen Markts gerichtet war.

zunächst in erster Linie wirtschaftliche, später auch politische Ziele

Der Weg zur EU

1951	Montanunion: Gründung der EGKS (**E**uropäische **G**emeinschaft für **K**ohle und **S**tahl)
1957	Römische Verträge: Gründung der EWG (**E**uropäische **W**irtschaftsgemeinschaft) und der EURATOM (**Eur**opäische **Atom**gemeinschaft)
1967	Zusammenschluss von EWG, EGKS und EURATOM zu den EG (**E**uropäische **G**emeinschaften)
1968	Zollunion: Abschaffung der Zölle in der EWG
1992	Vertrag von Maastricht: Schaffung der EU
1. 1. 2002	Euro wird Zahlungsmittel in 12 Ländern.
17./18. 6. 2004	Der Europäische Rat der Staats- und Regierungschefs der EU-Staaten verabschiedet den Text einer Verfassung; wird 2005 von einigen EU-Mitgliedern (Frankreich, Niederlande) abgelehnt.
2007	Vertrag von Lissabon: Übernahme der wesentlichen Inhalte des gescheiterten Vertragstextes

Wirtschaftliche und politische Ziele

Ziele der EU sind:

- freier Handel und damit wirtschaftliche Vorteile,
- Kampf gegen Umweltzerstörung und Kriminalität,
- Frieden und Menschenrechte,
- kultureller Austausch.

offene Grenzen · polizeiliche Zusammenarbeit · EU-Anforderungen bezüglich der Menschenrechte für ihre Mitglieder

EU-Mitgliedstaaten

Seit ihrer Gründung ist aus der EG bis heute schrittweise eine größere „Einheit“ geworden: die EU. Staaten, die in die EU aufgenommen werden wollen, müssen wirtschaftliche und gesellschaftliche Bedingungen erfüllen.

wirtschaftliche Stabilität · Einhaltung der Menschenrechte

Nord-Süd-Gefälle

- Als **„erste Welt“** bezeichnete man zur Zeit des Ost-West-Konflikts wirtschaftlich gut entwickelte westliche Staaten mit hohem Lebensstandard.
- Zur **„zweiten Welt“** gehörten kommunistische Staaten des Ostblocks mit mittlerem Lebensstandard.
- Als Staaten der **„dritten Welt“** bezeichnet man bis heute **Entwicklungsländer** mit wirtschaftlichen, politischen und gesellschaftlichen Problemen: viele Staaten in Afrika, einige Staaten in Asien, z. T. Staaten in Süd- und Mittelamerika.

Die Kluft zwischen den reichen Industrieländern „im Norden“ und den armen Entwicklungsländern „im Süden“ wächst.

„vierte Welt“:
am wenigsten entwickelte Länder mit weniger als 355 US-Dollar pro Kopf und Jahr

Merkmale:
u. a. unterentwickelte Infrastruktur · schlechte Ausbildung · Analphabetismus · schlechte medizinische Versorgung

Ausnahme:
Australien zählt zur „ersten Welt“.

Globalisierung

Globalisierung (global: auf die gesamte Erde bezogen) bedeutet, dass das Leben des einzelnen Menschen durch weltweite Bedingungen und Prozesse geprägt wird:

- Informationstechnologie (1),
- weltumfassende Arbeitsteilung (2),
- Umweltverschmutzung/-schutz (3),
- internationaler Terrorismus (4).

(1) Internet
(2) Kauf von Dienstleistungen und Teilprodukten
(3) Co_2-Emissionen · Klimawandel
(4) 11. 9. 2001 Terroranschlag u. a. auf das World Trade Center, New York

Testfragen

Hier kannst du testen, wie gut du den Schulstoff beherrschst. Zu jeder Frage gibt es genau *eine* richtige Antwort. Wenn du unsicher bist oder mehr wissen möchtest, zeigen dir die Seitenverweise am Rand, wo du ausführlichere Informationen findest. Die Lösungen stehen auf Seite 125.
Du kannst die Fragen auch als Lernquiz auf dein Handy herunterladen; wie das geht, steht auf der vorderen Umschlagklappe.

Von der Frühzeit bis zum 4. Jahrhundert

↑S. 7
1 Welches Material bevorzugten die Menschen in der Steinzeit zur Herstellung von Waffen und Werkzeugen?
- ☐ a) Bronze.
- ☐ b) Eisen.
- ☐ c) Stein.

↑S. 16
2 Zwischen 750 und 550 v. Chr. wanderten viele Griechen aus und gründeten Kolonien. Warum?
- ☐ a) Wegen eines Bürgerkriegs.
- ☐ b) Wegen Überbevölkerung und Hungersnöten.
- ☐ c) Wegen des Zerfalls der griechischen Staatenwelt.

↑S. 12
3 Wer war der oberste Beamte in der ägyptischen Hochkultur?
- ☐ a) Der Pharao.
- ☐ b) Der Wesir.
- ☐ c) Der Bauleiter.

↑S. 6
4 Die Geschichte der Anfänge der Menschheit, die nur aus archäologischen Funden rekonstruiert wird, bezeichnet man ...
- ☐ a) als Alte Geschichte.
- ☐ b) als Vorgeschichte.
- ☐ c) als Frühgeschichte.

5 Die Götter der Griechen lebten ... ↑ S. 19

- ☐ a) in Athen.
- ☐ b) auf dem Olymp.
- ☐ c) auf Kreta.

6 Wer besaß in der attischen Demokratie politische Rechte? ↑ S. 20

- ☐ a) Alle Männer und Frauen.
- ☐ b) Männliche Vollbürger.
- ☐ c) Metöken und Sklaven.

7 Wann erreichte das Römische Reich seine größte Ausdehnung? ↑ S. 22

- ☐ a) Um 250 v. Chr.
- ☐ b) Um 100 v. Chr.
- ☐ c) Um 100 n. Chr.

8 Was wird als *aneignende Wirtschaft* bezeichnet? ↑ S. 7

- ☐ a) Ackerbau und Viehzucht.
- ☐ b) Domestikation und Handel.
- ☐ c) Jagen und Sammeln.

9 Wie wurde der griechische Stadtstaat genannt? ↑ S. 16

- ☐ a) Polis.
- ☐ b) Kolonie.
- ☐ c) Siedlung.

10 Wer war oberster Priester, Heerführer und Gesetzgeber im ägyptischen Staat? ↑ S. 11

- ☐ a) Der Pharao.
- ☐ b) Der Kaiser.
- ☐ c) Der Tribun.

11 Der römische Kaiser Octavian (Augustus) schuf die *pax romana*. Was ist das? ↑ S. 26

- ☐ a) Eine Handelsflotte.
- ☐ b) Eine Friedensordnung.
- ☐ c) Eine Währung.

↑S. 12 12 Die wirtschaftliche Grundlage der ägyptischen Hochkultur war ...
- ☐ a) die Vorratswirtschaft.
- ☐ b) die staatlich gelenkte Landwirtschaft.
- ☐ c) Beides.

↑S. 22 13 In welchem Jahr gründeten Romulus und Remus der Legende nach die Stadt Rom?
- ☐ a) 753 v. Chr.
- ☐ b) 754 v. Chr.
- ☐ c) 752 v. Chr.

↑S. 7 14 Der Begriff *Paläolithikum* steht für die ...
- ☐ a) Jungsteinzeit.
- ☐ b) Altsteinzeit.
- ☐ c) Bronzezeit.

↑S. 23 15 Wie viele Punische Kriege gab es?
- ☐ a) Zwei.
- ☐ b) Drei.
- ☐ c) Vier.

↑S. 13 16 Die Ägypter glaubten an viele Götter. Das nennt man ...
- ☐ a) Monotheismus.
- ☐ b) Henotheismus.
- ☐ c) Polytheismus.

↑S. 6 17 Wann begann die Entwicklung des Menschen?
- ☐ a) Vor ca. 5 Mio. Jahren.
- ☐ b) Vor ca. 12 Mio. Jahren.
- ☐ c) Vor ca. 500 000 Jahren.

↑S. 10 18 In Ägypten entstand eine der ersten Hochkulturen der Erde. Wo war sie angesiedelt?
- ☐ a) Am Euphrat.
- ☐ b) Am Nil.
- ☐ c) Am Tigris.

19 Welche Stände kämpften in der römischen Republik um die Macht? ↑ S. 25

☐ a) Die Klienten und die Sklaven.
☐ b) Die Plebejer und die Patrizier.
☐ c) Die Könige und die Wesire.

20 Wie lange dauerten die Punischen Kriege? ↑ S. 23

☐ a) 120 Jahre.
☐ b) 150 Jahre.
☐ c) 100 Jahre.

21 Wann wurde Caesar ermordet? ↑ S. 26

☐ a) 48 v. Chr.
☐ b) 46 v. Chr.
☐ c) 44 v. Chr.

22 Zur Zeit seiner größten Ausdehnung reichte das Reich Alexanders des Großen im Osten bis ... ↑ S. 21

☐ a) ins heutige Vietnam.
☐ b) nach Ägypten.
☐ c) zum indischen Subkontinent (heute Pakistan).

23 Wann begann die Eisenzeit? ↑ S. 9

☐ a) Ca. 800 v. Chr.
☐ b) Ca. 300 v. Chr.
☐ c) Ca. 3000 v. Chr.

24 Wann wurde Rom Republik? ↑ S. 25

☐ a) Um 510 v. Chr.
☐ b) Um 320 v. Chr.
☐ c) Um 430 v. Chr.

25 Wie nennt man ein erobertes Gebiet, das von einem römischen Statthalter verwaltet wurde? ↑ S. 22

☐ a) Kolonie.
☐ b) Provinz.
☐ c) Polis.

↑S. 9 26 Wann begannen die Menschen damit, Metall zu verarbeiten?
- ☐ a) Vor ca. 12 000 Jahren.
- ☐ b) Vor ca. 10 000 Jahren.
- ☐ c) Vor ca. 6000 Jahren.

↑S. 18 27 Was musste während der Olympischen Spiele ruhen?
- ☐ a) Der Handel.
- ☐ b) Die Schifffahrt.
- ☐ c) Alle Kampfhandlungen.

↑S. 29 28 Wann begann der Zerfall des Römischen Reichs?
- ☐ a) Um 250 n. Chr.
- ☐ b) Um 150 n. Chr.
- ☐ c) Um 350 n. Chr.

↑S. 12 29 Was ist eine Hieroglyphe?
- ☐ a) Ein Bildzeichen.
- ☐ b) Ein Buchstabe.
- ☐ c) Eine Steintafel.

↑S. 20 30 Die Reformen des Solon und des Kleisthenes leiteten in Athen ...
- ☐ a) die Demokratie ein.
- ☐ b) die Aristokratie ein.
- ☐ c) die Monarchie ein.

↑S. 8 31 Was ist bezeichnend für die Jungsteinzeit?
- ☐ a) Die Menschen wurden sesshaft.
- ☐ b) Alle Menschen lebten als Nomaden.
- ☐ c) Die Menschen lebten meist als Einzelgänger.

↑S. 8 32 Welcher Begriff kennzeichnet den Wandel vom Nomadentum zur Sesshaftigkeit?
- ☐ a) Paläolithische Revolution.
- ☐ b) Neolithische Revolution.
- ☐ c) Archäologische Revolution.

33 Wer stand in der altrömischen Gesellschaft an der Spitze der Stadt? ↑ S. 24

- ☐ a) Ein Plebejer.
- ☐ b) Der Patron.
- ☐ c) Ein etruskischer König.

34 60 v. Chr. verbündeten sich Caesar, Pompeius und Crassus zum ... ↑ S. 26

- ☐ a) 1. Triumvirat.
- ☐ b) 2. Triumvirat.
- ☐ c) 1. Prinzipat.

35 Welches Reitervolk löste 375 n. Chr. Flucht- und Wanderungsbewegungen ganzer Völker in Europa aus? ↑ S. 29

- ☐ a) Die Goten.
- ☐ b) Die Kelten.
- ☐ c) Die Hunnen.

36 Wann wurden die Olympischen Spiele der Antike verboten? ↑ S. 18

- ☐ a) 393 n. Chr.
- ☐ b) 536 v. Chr.
- ☐ c) 398 n. Chr.

Vom Mittelalter bis ca. 1800

37 Wer bewies, dass sich die Erde wie die anderen Planeten um die Sonne bewegt? ↑ S. 41

- ☐ a) Johannes Gutenberg.
- ☐ b) Leonardo da Vinci.
- ☐ c) Nikolaus Kopernikus.

38 Welchem Grundsatz folgten Nonnen und Mönche im Mittelalter? ↑ S. 32

- ☐ a) Carpe diem.
- ☐ b) Alea iacta est.
- ☐ c) Ora et labora.

↑S. 48 **39** Wie wurden Menschen bezeichnet, die von der offiziellen Lehrmeinung der Kirche abwichen?

- ☐ a) Esoteriker.
- ☐ b) Kleriker.
- ☐ c) Ketzer oder Häretiker.

↑S. 30 **40** Wann wurde Karl der Große in Rom zum Kaiser gekrönt?

- ☐ a) 850.
- ☐ b) 814.
- ☐ c) 800.

↑S. 45 **41** Wo übersetzte Luther ab 1521 das Neue Testament in eine einheitliche deutsche Sprache?

- ☐ a) In Worms.
- ☐ b) Auf der Wittenburg.
- ☐ c) Auf der Wartburg.

↑S. 42 **42** Wo lebten die Azteken?

- ☐ a) Im heutigen Honduras.
- ☐ b) In Zentralmexiko.
- ☐ c) Im Norden Ecuadors.

↑S. 51 **43** Wer soll gesagt haben „L‘état c‘est moi“?

- ☐ a) Ludwig XIV.
- ☐ b) Ludwig XVI.
- ☐ c) Ludwig XV.

↑S. 47 **44** Was war der Auslöser des Dreißigjährigen Kriegs?

- ☐ a) Das Wormser Edikt.
- ☐ b) Das Edikt von Nantes.
- ☐ c) Der Prager Fenstersturz.

↑S. 46 **45** Die Bauern formulierten 1525 unter Berufung auf Luther und die Bibel ihre Forderungen in den ...

- ☐ a) „Zwölf Artikeln“.
- ☐ b) „Elf Artikeln“.
- ☐ c) „Zehn Geboten“.

46 Wann fand der 1. Kreuzzug statt? ↑ S. 34

☐ a) 1096 bis 1099.
☐ b) 1073 bis 1076.
☐ c) 1212 bis 1218.

47 Wann begann die Französische Revolution? ↑ S. 54

☐ a) 1798.
☐ b) 1789.
☐ c) 1793.

48 Welche Schrift sicherte dem Parlament in England 1628 erweiterte politische Rechte zu? ↑ S. 50

☐ a) Die „Glorious Petition".
☐ b) Die „Petition of Right".
☐ c) Die „Magna Charta".

49 Der aufgeklärte Absolutismus verband den Absolutismus mit den Ideen ... ↑ S. 51

☐ a) der Renaissance.
☐ b) der Aufklärung.
☐ c) der Reformation.

50 Die Aufklärung forderte ... ↑ S. 52

☐ a) die absolute Herrschaft eines Einzelnen.
☐ b) den Gebrauch des Aberglaubens.
☐ c) den Gebrauch des Verstands.

51 Was versteht man unter Legislative? ↑ S. 53

☐ a) Die ausführende Gewalt.
☐ b) Die gesetzgebende Gewalt.
☐ c) Die richterliche Gewalt.

52 Warum kam es im süddeutschen Raum zum Bauernkrieg? Die Bauern mussten ... ↑ S. 46

☐ a) mehr jagen und fischen.
☐ b) gestiegene Frondienste und Abgaben leisten.
☐ c) ihre Dörfer verlassen.

↑S. 30 53 Unter wem entstand gegen Ende des 5. Jahrhunderts das Frankenreich?
- ☐ a) Unter dem Karolinger Pippin III.
- ☐ b) Unter dem Merowinger Chlodwig.
- ☐ c) Unter dem Merowinger Childerich III.

↑S. 40 54 Wogegen wendete sich das humanistische Denken?
- ☐ a) Gegen Intoleranz gegenüber Andersdenkenden.
- ☐ b) Gegen Freiheit für alle Menschen.
- ☐ c) Gegen Bildung für alle Menschen.

↑S. 57 55 Wer riss am 9. November 1799 die Macht in Frankreich an sich?
- ☐ a) Maximilien de Robespierre.
- ☐ b) Die Girondisten.
- ☐ c) Napoleon.

↑S. 30 56 Welche Zeit wird allgemein mit dem Begriff Mittelalter bezeichnet?
- ☐ a) Ca. 500 bis 1500 n. Chr.
- ☐ b) Ca. 800 bis 1500.
- ☐ c) Ca. 1000 bis 1600.

↑S. 47 57 Von wann bis wann dauerte der Dreißigjährige Krieg?
- ☐ a) Von 1608 bis 1638.
- ☐ b) Von 1618 bis 1648.
- ☐ c) Von 1718 bis 1748.

↑S. 44 58 Wann veröffentlichte Martin Luther seine 95 Thesen?
- ☐ a) 1517.
- ☐ b) 1502.
- ☐ c) 1520.

↑S. 49 59 Aufgrund welcher päpstlichen Urkunde (Bulle) und wann begann die systematische Verfolgung von „Hexen“?
- ☐ a) Mit der „Hexenbulle“ 1484.
- ☐ b) Mit dem „Hexenhammer“ 1487.

60 In wie viele Stände war die französische Gesellschaft vor der Französischen Revolution aufgeteilt? ↑ S. 54

☐ a) In vier.
☐ b) In zwei.
☐ c) In drei.

61 Der mittelalterliche Personenverbandsstaat beruhte ... ↑ S. 31

☐ a) auf dem Parlamentarismus.
☐ b) auf Grundherrschaft und Lehnswesen.
☐ c) auf der Kolonialherrschaft.

62 Wie nannte man das Bündnis von Fernhändlern und Handelsstädten im Nord- und Ostseeraum seit 1356? ↑ S. 37

☐ a) Marktzusammenschluss.
☐ b) Hanse.

63 Wie heißen die gesamten Friedensverträge, die den Dreißigjährigen Krieg beendeten? ↑ S. 47

☐ a) Westfälischer Friede.
☐ b) Münsteraner Friede.
☐ c) Osnabrücker Friede.

64 Wie nennt man den Sturm auf das königliche Schloss in Paris am 10. August 1792? ↑ S. 55

☐ a) Sturm auf die Tuilerien.
☐ b) Sturm auf die Bastille.

65 Wie bezeichnet man die uneingeschränkte Herrschaft eines Monarchen im 17. und 18. Jahrhundert? ↑ S. 51

☐ a) Parlamentarismus.
☐ b) Merkantilismus.
☐ c) Absolutismus.

66 Am 17. Juni 1789 erklärte sich der dritte Stand ... ↑ S. 54

☐ a) zum Nationalkonvent.
☐ b) zur Nationalversammlung.
☐ c) zum Wohlfahrtsausschuss.

↑S. 35 67 Wer gehörte zur Mittelschicht in den Städten, die ab 1180 vermehrt gegründet wurden?
- ☐ a) Der grundbesitzende Adel.
- ☐ b) Musiker und Fernhändler.
- ☐ c) Handwerksmeister.

↑S. 32 68 Welche Personengruppe prägte das Mittelalter durch wissenschaftliche und landwirtschaftliche Fortschritte?
- ☐ a) Die Mönche.
- ☐ b) Die Ritter.
- ☐ c) Die Herzöge.

↑S. 53 69 Die Unabhängigkeitserklärung vom 4. Juli 1776 gilt als „Geburtsstunde“ ...
- ☐ a) der Vereinigten Staaten von Amerika.
- ☐ b) Frankreichs.
- ☐ c) Englands.

↑S. 54 70 Wer bildete den ersten Stand der französischen Gesellschaft?
- ☐ a) Der Klerus (Geistliche).
- ☐ b) Der Adel.
- ☐ c) Bürger und Handwerker.

↑S. 57 71 Wann krönte Napoleon sich selbst zum „Kaiser der Franzosen“?
- ☐ a) 1799.
- ☐ b) 1804.
- ☐ c) 1807.

Von ca. 1800 bis heute

↑S. 58 72 Welches Bündnis trat an die Stelle des Heiligen Römischen Reichs Deutscher Nation?
- ☐ a) Der Heilige Bund.
- ☐ b) Der Europäische Bund.
- ☐ c) Der Deutsche Bund.

73 Im März 1933 entmachtete sich das Parlament ... ↑ S. 82

- ☐ a) mit dem Berliner Gesetz.
- ☐ b) mit dem Gesetz zum Schutz des Volkes.
- ☐ c) mit dem sogenannten Ermächtigungsgesetz.

74 Mit dem Überfall Deutschlands auf Polen wurde der Zweite Weltkrieg entfesselt. Wann fand er statt? ↑ S. 87

- ☐ a) Am 1. September 1939.
- ☐ b) Am 22. Juni 1939.
- ☐ c) Am 1. September 1940.

75 Das Ziel der Beratungen auf dem Wiener Kongress war ... ↑ S. 58

- ☐ a) eine gesamteuropäische Friedensordnung.
- ☐ b) die Gründung des Rheinbunds.
- ☐ c) eine Heeresreform.

76 Wie wirkte sich die von den USA ausgehende Wirtschaftskrise (1929) auf das Deutsche Reich aus? ↑ S. 78

- ☐ a) Gar nicht.
- ☐ b) Die „Rentenmark" wurde eingeführt.
- ☐ c) Die Arbeitslosigkeit stieg stark an.

77 Wie wird der 6. Juni 1944, an dem die Alliierten in der Normandie landeten, auch genannt? ↑ S. 88

- ☐ a) E-Day.
- ☐ b) X-Day.
- ☐ c) D-Day.

78 Aus wie vielen Besatzungszonen bestand Deutschland 1945? ↑ S. 93

- ☐ a) Aus fünf.
- ☐ b) Aus vier.
- ☐ c) Aus drei.

79 Wann fand die Oktoberrevolution in Russland statt? ↑ S. 70

- ☐ a) Im Oktober 1917.
- ☐ b) Im November 1917.
- ☐ c) Im Oktober 1918.

↑S. 75 80 Welche Bestimmung steht im Versailler Vertrag?
- ☐ a) Die Vergrößerung der Reichswehr auf 500 000 Mann.
- ☐ b) Der Kriegsschuldartikel Artikel 231.
- ☐ c) Das Recht auf neue Kolonien.

↑S. 76 81 Was wurde durch den Youngplan (1929) vereinbart?
- ☐ a) Der Eintritt Deutschlands in den Völkerbund.
- ☐ b) Kredite aus den USA.
- ☐ c) Die Räumung des Rheinlands.

↑S. 77 82 Wann versuchte Hitler, mit einem Putsch die Reichsregierung zu stürzen?
- ☐ a) 1920.
- ☐ b) 1923.
- ☐ c) 1919.

↑S. 93 83 Wann wurde das Grundgesetz verkündet?
- ☐ a) Am 23. Mai 1948.
- ☐ b) Am 23. Mai 1950.
- ☐ c) Am 23. Mai 1949.

↑S. 62 84 Der Gründung des Deutschen Kaiserreichs gingen drei Kriege voraus. Einer davon war ...
- ☐ a) der Krieg gegen Frankreich 1870/71.
- ☐ b) der Krieg gegen die Lombardei 1860.
- ☐ c) der Krieg gegen die Niederlande 1866.

↑S. 106 85 Wozu wurde 1945 die UNO gegründet?
- ☐ a) Zur Bewahrung und Förderung des Friedens.
- ☐ b) Zur Schaffung eines gemeinsamen Marktes.
- ☐ c) Zum kulturellen Austausch.

↑S. 79 86 Mit welchem Versprechen konnte die NSDAP 1932 viele Stimmen fangen?
- ☐ a) Sicherung der Weimarer Republik.
- ☐ b) Bekämpfung der Arbeitslosigkeit.
- ☐ c) Erhöhung der Löhne und Gehälter.

87 Was bezweckte Bismarck mit der Sozialgesetzgebung? ↑ S. 63

- ☐ a) Verbesserte Lebensbedingungen für Arbeiter.
- ☐ b) Den Sozialdemokraten Wähler entziehen.
- ☐ c) Beides.

88 Wann ernannte Reichspräsident Paul von Hindenburg Hitler zum Reichskanzler? ↑ S. 81

- ☐ a) Am 30. Januar 1933.
- ☐ b) Am 30. März 1933.
- ☐ c) Am 27. Februar 1933.

89 Wann fand das Hambacher Fest statt? ↑ S. 60

- ☐ a) 1848.
- ☐ b) 1832.
- ☐ c) 1817.

90 Womit begann Hitler gleich nach Regierungsübernahme? ↑ S. 82

- ☐ a) Mit der Errichtung der Demokratie.
- ☐ b) Mit der Errichtung der Diktatur.
- ☐ c) Mit der Errichtung der Monarchie.

91 Mit welchen Gesetzen gaben die Nationalsozialisten der Diskriminierung der Juden eine juristische Grundlage? ↑ S. 91

- ☐ a) Mit den „Nürnberger Gesetzen“.
- ☐ b) Mit den „Frankfurter Gesetzen“.
- ☐ c) Mit den „Berliner Gesetzen“.

92 Was gilt als Auslöser für den Ersten Weltkrieg? ↑ S. 72

- ☐ a) Der Überfall auf Polen.
- ☐ b) Die Besetzung Frankreichs.
- ☐ c) Die Ermordung von Erzherzog Franz-Ferdinand.

93 Wann trat die DDR der Bundesrepublik Deutschland durch den Einigungsvertrag bei? ↑ S. 107

- ☐ a) Am 9. November 1989.
- ☐ b) Am 3. Oktober 1990.
- ☐ c) Am 2. Dezember 1990.

↑S. 98 94 Welchem Militärbündnis gehörte die DDR an?
- ☐ a) Dem Warschauer Pakt.
- ☐ b) Der NATO.

↑S. 74 95 Was rief der sozialdemokratische Abgeordnete Philipp Scheidemann am 9. November 1918 um 14 Uhr aus?
- ☐ a) Die „Deutsche Republik“.
- ☐ b) Die „Weimarer Republik“.
- ☐ c) Die „sozialistische Republik“.

↑S. 86 96 Welches Ziel verfolgte Hitlers Außenpolitik 1933 bis 1939?
- ☐ a) Die Vergrößerung des „Lebensraums“.
- ☐ b) Die Schaffung eines „Großdeutschen Reichs“.
- ☐ c) Beides.

↑S. 78 97 Wie wird die Zeit bezeichnet, in der sich die Weimarer Republik zu stabilisieren schien?
- ☐ a) Goldene Zwanziger.
- ☐ b) Goldene Dreißiger.
- ☐ c) Goldene Jahre.

↑S. 88 98 Womit endete am 2. September 1945 der Zweite Weltkrieg?
- ☐ a) Mit der Kapitulation Deutschlands.
- ☐ b) Mit der Kapitulation Japans.

↑S. 62 99 Wo wurde die Gründung des Deutschen Kaiserreichs verkündet?
- ☐ a) In der Paulskirche in Frankfurt am Main
- ☐ b) In der Festung Rastatt.
- ☐ c) Im Spiegelsaal des Versailler Schlosses.

↑S. 107 100 Wann wurde die Europäische Gemeinschaft für Kohle und Stahl (Montanunion) gegründet?
- ☐ a) 1949.
- ☐ b) 1950.
- ☐ c) 1951.

Lösungen

Von der Frühzeit bis zum 4. Jh.

1 c)	20 a)
2 b)	21 c)
3 b)	22 c)
4 b)	23 a)
5 b)	24 a)
6 b)	25 b)
7 c)	26 c)
8 c)	27 c)
9 a)	28 a)
10 a)	29 a)
11 b)	30 a)
12 c)	31 a)
13 a)	32 b)
14 b)	33 c)
15 b)	34 a)
16 c)	35 c)
17 a)	36 a)
18 b)	37 c)
19 b)	

Vom Mittelalter bis ca. 1800

38 c)	56 a)
39 c)	57 b)
40 c)	58 a)
41 c)	59 a)
42 b)	60 c)
43 a)	61 b)
44 c)	62 b)
45 a)	63 a)
46 a)	64 a)
47 b)	65 c)
48 b)	66 b)
49 b)	67 c)
50 c)	68 a)
51 b)	69 a)
52 b)	70 a)
53 b)	71 b)
54 a)	72 c)
55 c)	

Von ca. 1800 bis heute

73 c)	87 c)
74 a)	88 a)
75 a)	89 b)
76 c)	90 b)
77 c)	91 a)
78 b)	92 c)
79 b)	93 b)
80 b)	94 a)
81 c)	95 a)
82 b)	96 c)
83 c)	97 a)
84 a)	98 b)
85 a)	99 c)
86 b)	100 c)

Stichwortfinder

A
Absolutismus 51, 55
Adel/Adlige 31, 34 f., 54
Alliierte 65, 88
Altsteinzeit 7
Antike 16 ff.
Antisemitismus 81, 90
Appeasement-Politik 86
Arbeitslosigkeit 78 f., 84, 94
Athen 16 ff., 20
Atombombe 88
aufgeklärter Absolutismus 51
Aufklärung 52
Aufrüstung 84, 104 f.
Auschwitz 90 f.

B
Bastille, Sturm auf die 55
Bauernkrieg 46
Berliner Mauer 100, 102 f.
Besatzungszonen 93
Bismarcks Bündnispolitik 64 f.
Blankovollmacht 72
Bolschewiki 70 f.
Bronzezeit 9
Buchdruck 41
Bürgerkrieg
– Deutschland 74
– Russland 71
Bürgerrechte 54, 60 f.

C
Code civil (Code Napoléon) 57

D
Dampfmaschine 59
Dawes-Plan 76
Demokratie
– athenische 20
– parlamentarische 70, 74, 96, 101
Diktatur
– des Proletariats 70
– unter Hitler 82 f.
– unter Robespierre 56
– unter Stalin 71
Dreißigjähriger Krieg 47

E
Einigungsvertrag 103
Eisenzeit 9
Entente 65, 72
Entspannungspolitik 105
Ermächtigungsgesetz 82
Europäische Union 107 f.

F
Faustkeil 7
Frankenreich 30
Frondienste 31
Führerprinzip 83

G
Gewaltenteilung 50, 52, 55 f.
Girondisten 56
Gilde 35
Gleichschaltung 83, 85
Globalisierung 109
Götter 13, 19
Grundherrschaft 31
Grundrechte 82, 101, 104

H
Hambacher Fest 60
Hanse 37
Hexen 48 f.
Hieroglyphen 12, 14
Hitlerjugend 85
Hitler-Putsch 77
Hitler-Stalin-Pakt 86
Hochkultur
– Ägypten 10 ff.
– amerikanische 42 f.
– Mesopotamien 15
Holocaust 90 f.
Homo sapiens 6
Hörige 12, 31, 35
Humanismus 40

I
Industrialisierung 59
Industrielle Revolution 59
Inflation 77 f., 94
Inquisition 48 f.

J
Jagd 7
Jakobiner 56
Juden
– im Mittelalter 38 f.
– Judenverfolgung, -vernichtung 48, 80 f., 87, 90 f.
Jungsteinzeit 7 f.

K
Kalter Krieg 98 f.
Kapitalismus 59
Kapitulation 87 f.
Kapp-Putsch 77
Karlsbader Beschlüsse 60
Karolinger 30
Karthago 23
Ketzer 48
Kloster 32
Kolonialismus 66 ff.
Kolonien 66 ff.
Konzentrationslager 90 f.
Kreuzzüge 34
KSZE 105
Kubakrise 105
Kulturkampf 63

L
Lehen 31
Lehnswesen 31
Leibeigene 31, 35
Limes 28
Locarno, Konferenz von 76

M
Marktwirtschaft 94, 104
Marshallplan 94
Menschenrechte 52 f., 55, 106 f.
Merkantilismus 51
Metallverarbeitung 9
Metöken 17, 20
Monarchie 20, 26
– konstitutionelle 50, 55, 61 f.
Mönche 32
Mumifizierung 13
Münchener Abkommen 86

N
Nationalsozialismus 80 ff.
nationalsozialistische Ideologie 80 f., 85
Nationalversammlung
– Frankfurter 60 f.
– französische 54 f.
NATO 98
neue Ostpolitik 99
„Neuer Kurs“ 65
Nil 10
Nomaden 7 f.
Nord-Süd-Gefälle 109
Nürnberger Gesetze 91
Nürnberger Prozesse 92

O
Oktoberrevolution 70
Olympische Spiele 18
Ostblock 104
Ostsiedlung 33
Ost-West-Konflikt 104 f.

P
Parlament, England 50
Patrizier 25, 35 f.
Paulskirche 60
pax romana 26 f.
Personenverbandsstaat 30 f.
Pest 35, 38
Pharao 11 ff.
Planwirtschaft 95, 104
Plebejer 25
Pogrom 38
Polis 16
Potsdamer Abkommen 92 f.
Potsdamer Konferenz 92
Preußische Reformen 57
Punische Kriege 23
Pyramiden 13